Rudyard Kipling

Genau-so-Geschichten
oder
Wie das Kamel seinen Höcker kriegte

Zu diesem Buch

Wie das Kamel zu seinem Höcker kam, wie der Elefant seinen Rüssel kriegte, das Nashorn seine faltige Haut und der Leopard seine Flecken, aber auch warum Männer eher Hunde mögen und Frauen Katzen – all das und noch viel mehr verrät uns augenzwinkernd Rudyard Kipling.

»Die anmutige Prosa und der bestechende Humor dieser zwölf Erzählungen siedeln sie in derselben Liga an wie die Kinderbuchklassiker *Puh, der Bär* und *Alice im Wunderland*. Kiplings Wortkunst überdauert hörbar.« *Publishers Weekly*

»Die Geschichten wirken tröstlich selbst auf jene, die gar nicht traurig sind.« *Markus Gasser, Frankfurter Allgemeine Zeitung*

Der Autor

Rudyard Kipling (1865–1936) wurde als bis dahin jüngster und erster englischer Autor mit dem Nobelpreis für Literatur ausgezeichnet. Zu seinen bekanntesten Werken zählen *Das Dschungelbuch* und *Kim*.

Der Übersetzer

Gisbert Haefs, geboren 1950 in Wachtendonk/Niederrhein, ist Übersetzer u. a. der Werke von Rudyard Kipling, Jorge Luis Borges, Georges Brassens. Zudem ist er Autor von Funkfeatures, Hörspielen, Kriminalromanen und historischen Romanen. Gisbert Haefs lebt in Godesberg.

Dieses Buch ist auch lieferbar als gebundene Leinenausgabe (978-3-293-00437-5).

Mehr über Buch und Autor auf *www.unionsverlag.com*

Rudyard Kipling

Genau-so-Geschichten

oder

Wie das Kamel seinen Höcker kriegte

Herausgegeben und aus dem Englischen
von Gisbert Haefs

Unionsverlag

Die Originalausgabe erschien 1902 unter dem Titel
Just So Stories bei Macmillian & Co., London,
und Doubleday, Page & Co., New York.

Die deutsche Erstausgabe der vorliegenden Übersetzung
erschien 1990 im Haffmans Verlag, Zürich.
Die Ausgaben im Unionsverlag enthalten erstmals auf Deutsch
die Geschichte »Ham und das Stachelschwein«.

Im Internet
Aktuelle Informationen, Dokumente, Materialien
www.unionsverlag.com

Unionsverlag Taschenbuch 675

Rieterstrasse 18, CH-8027 Zürich
Telefon +41 44 283 20 00, Fax +41 44 283 20 01
mail@unionsverlag.ch

Umschlaggestaltung: Martina Heuer, Zürich
Umschlagbilder und Illustrationen: Rudyard Kipling
Druck und Bindung: CPI – Clausen & Bosse, Leck
ISBN 978-3-293-20675-5

Inhalt

Wie der Wal seine Gurgel kriegte

Im Ozean, vor langer Zeit, o mein Bestgeliebtes, gab es einen Wal, und der aß Fische. Er aß den Thunfisch, den Tarpunfisch, und den Hai und die Schlei, und den Dorsch und den Borsch, Herrn und Frau Kabeljau, und den Messeraal und den Zitteraal und den echten rechten Zwirbelwirbelaal. Alle Fische, die er im ganzen Meer nur finden konnte, aß er mit seinem Mund – so! Bis zuletzt im ganzen Meer nur ein einziger kleiner Fisch übrig war, und das war ein kleiner Schlaufisch, und der schwamm immer ein bisschen hinter dem rechten Ohr des Wals, damit ihm nichts passierte. Da stellte sich der Wal auf seinen Schwanz und sagte: »Ich hab Hunger.« Und der kleine Schlaufisch sagte mit kleiner schlauer Stimme: »Edler und großmütiger Meeressäuger, hast du jemals Mensch probiert?«

»Nein«, sagte der Wal. »Wie schmeckt das denn?«

»Nett«, sagte der kleine Schlaufisch. »Nett, aber nurpselich.«

»Dann bring mir ein paar davon«, sagte der Wal, und er schlug die See schaumig mit seinem Schwanz.

Das ist das Bild davon, wie der Wal den überaus einfallsreichen und gerissenen Matrosen verschluckt, mit dem Floß *und* dem Klappmesser und den Hosenträgern, die du *nicht* vergessen darfst. Die knopfeligen Dinger sind die Hosenträger des Matrosen, und gleich daneben kannst du das Messer sehen. Er sitzt auf dem Floß, aber das ist seitlich hochgekippt, deshalb sieht man nicht viel davon. Das weißliche Ding neben der linken Hand des Matrosen ist ein Stück Holz, mit dem er eben das Floß hatte rudern wollen, als der Wal kam. Das Holzstück nennt sich Gaffelklau. Der Matrose hat es draußen gelassen, als er reingegangen ist. Der Name des Wals war Lächler, und der Seemann hieß Mister Henry Albert Bivvens, Vollmatrose. Der kleine Schlaufisch versteckt sich gerade unter dem Bauch des Wals, sonst hätte ich ihn auch gezeichnet. Die See sieht deshalb so hubbeldischwubbelig aus, weil der Wal sie gerade in seinen Mund saugt, um Mister Henry Albert Bivvens einzusaugen und das Floß und das Klappmesser und die Hosenträger. Du darfst nie die Hosenträger vergessen.

»Einer auf einmal ist genug«, sagte der Schlaufisch. »Wenn du zur Breite fünfzig Grad Nord und Länge vierzig West schwimmst (das sind Zauberzahlen), dann findest du, *auf* einem Floß sitzend, mitten *in* der See, mit nichts außer einer blauen Segeltuchhose, einem Paar Hosenträger (du darfst *nicht* die Hosenträger vergessen, Bestgeliebtes) und einem Klappmesser, einen schiffbrüchigen Matrosen; anstandshalber muss ich dir aber sagen, er ist überaus einfallsreich und gerissen.«

Der Wal schwamm und schwamm also zur Breite fünfzig Grad Nord, Länge vierzig West, so schnell er nur schwimmen konnte, und *auf* einem Floß, mitten *in* der See, mit nichts *an* außer blauen Segeltuchhosen, einem Paar Hosenträgern (du musst vor allem an die Hosenträger denken, Bestgeliebtes) *und* einem Klappmesser, fand er einen einzigen einsamen schiffbrüchigen Matrosen, der seine Zehen ins Wasser hängen ließ. (Seine Mami hatte ihm erlaubt zu planschen, sonst hätte er das auch nie getan, weil er ja überaus einfallsreich und gerissen war.)

Da riss der Wal den Mund auf und aufer und noch aufer, fast bis zu seinem Schwanz, und er verschluckte den schiffbrüchigen Matrosen, und das Floß, auf dem er saß, und die blaue Segeltuchhose, und die Hosenträger (die darfst du *nicht* vergessen), *und* das Klappmesser. Das alles schluckte er hinunter in seine warme, dunkle, innere Speisekammer, und dann schmatzte er mit den Lippen – so, und drehte sich dreimal auf seinem Schwanz herum.

Aber kaum fand sich der Matrose, der ja überaus einfallsreich und gerissen war, tief in der warmen, dunklen, inneren Speisekammer des Wals wieder, da fing er an zu trampeln und zu hampeln, und er schritt und er glitt, und er ritt und er stritt, und er roch und er kroch, und er riss und er biss, und er sprang und er sang, und er bog und er zog, und er hob und er schob, und er hieb und er rieb, und er griff und er kniff, und er schwoll und er scholl, und er tanzte wilde Tänze, wo er nicht sollte, und der Wal fühlte sich wirklich sehr unwohl. *(Hast* du etwa die Hosenträger vergessen?)

Deshalb sagte er zu dem Schlaufisch: »Dieser Mensch ist sehr nurpselich, und außerdem bringt er mich zum Hicksen. Was soll ich machen?«

»Sag ihm, er soll rauskommen«, sagte der Schlaufisch.

Also rief der Wal tief in seinen Schlund hinein dem schiffbrüchigen Matrosen zu: »Komm raus und benimm dich. Ich hab Schluckauf.«

»Nee, nee!«, sagte der Matrose. »So nicht, sondern ganz anders. Bring mich an mein Heimatgestade und zu den weißen Felsen von Albion, dann überleg ich's mir.« Und er fing an, mehr zu tanzen als je zuvor.

»Du bringst ihn wohl besser nach Hause«, sagte

Hier sucht der Wal gerade den kleinen Schlaufisch, der sich unter der Türschwelle des Äquators versteckt hat. Der kleine Schlaufisch hieß Pingel. Er versteckt sich zwischen den Wurzeln der großen Alge, die vor den Türen des Äquators wächst. Ich habe die Türen des Äquators gezeichnet. Sie sind geschlossen. Sie sind immer geschlossen, weil eine Tür ja immer zu sein sollte. Das quere Kordeldings ist der Äquator selber; die Dinger, die wie Felsen aussehen, sind die beiden Riesen Moar und Koar, die den Äquator in Ordnung halten. Sie haben die Schattenbilder auf die Äquatortüren gemalt und die ganzen verdrehten Fische unter den Türen. Die schnabeligen Fische heißen Schnabeldelfine, und die anderen Fische mit den komischen Köpfen heißen Hammerhaie. Der Wal hat den kleinen Schlaufisch erst gefunden, als er keine Wut mehr hatte, und dann sind sie wieder gute Freunde geworden.

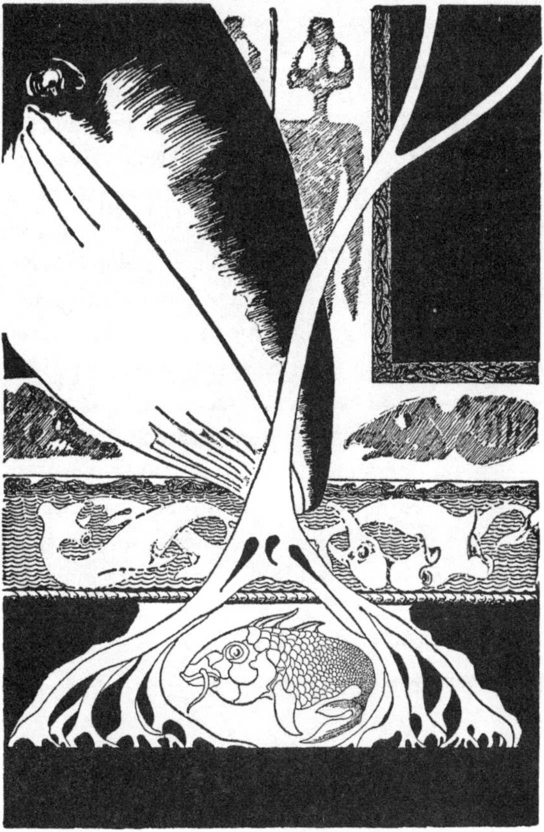

der Schlaufisch zum Wal. »Ich hätte dir vorher sagen sollen, er ist überaus einfallsreich und gerissen.«

Also schwamm der Wal und schwamm und schwamm, mit beiden Flossen und dem Schwanz, so schnell er bei seinem Gehickse konnte; und endlich sah er das Heimatgestade des Matrosen und die weißen Felsen von Albion, und er sauste halb auf den Strand und riss den Mund weit und weiter und noch weiter auf und sagte: »Hier umsteigen nach Winchester, Ashuelot, Nashua, Keene und die Haltestellen an der *Fitch*burg-Strecke«; und als er eben »Fitch« sagte, spazierte der Matrose aus seinem Mund heraus. Aber während der Wal geschwommen war, hatte der Matrose, der wirklich überaus einfallsreich und gerissen war, sein Klappmesser genommen und aus dem Floß ein kleines viereckiges Gitter geschnitzt, mit Stäben kreuz und quer, und das hatte er festgebunden mit seinen Hosenträgern *(jetzt* weißt du, warum du die Hosenträger nicht vergessen solltest!), und er zurrte das Gitter fein und fest in die Gurgel des Wals, und da blieb es stecken! Dann rezitierte er den folgenden *Sloka,* den ich, da du ihn noch nie gehört hast, nun umgehend wiedergeben will:

Steckt im Schlund dir ein Gatter,
wirst du nicht mehr viel satter.

Der Matrose war nämlich auch Dichter. Und er trat auf den Kies hinaus und ging heim zu seiner Mutter, die ihm erlaubt hatte, seine Zehen ins Wasser hängen zu lassen; und er heiratete und lebte glücklich und zufrieden bis an sein Lebensende. Der Wal auch. Aber das Gitter in seiner Gurgel, das er weder raushusten noch runterschlucken konnte, hinderte ihn seit diesem Tag daran, irgendwas anderes als ganz kleine Fische zu essen; und das ist der Grund dafür, dass Wale heute nie Leute oder Jungen oder kleine Mädchen essen.

Der kleine Schlaufisch verzog und versteckte sich im Schlamm unter der Türschwelle des Äquators. Er hatte Angst, dass der Wal böse auf ihn sein könnte.

Der Seemann nahm das Klappmesser mit nach Hause. Er trug die blaue Segeltuchhose, als er auf den Kies hinausging. Die Hosenträger blieben zurück, wie du weißt, um das Gitter zusammenzuhalten; und das ist das Ende von dieser Geschichte.

Wenn die Bullaugen, weil das Meer sich wellt,
ganz dunkel sind und grün;
wenn das Schiff immer wupp macht und wedelt und bellt
und der Steward dir in die Suppe fällt
und die Koffer rutschen dahin;
wenn Tantchen zusammenklappt und klagt
und Mami nur »schlafen lassen« sagt
und dich ungeweckt, ungewaschen lässt,
na, dann bist du (halt dich besser fest!)
auf »fünfzig Grad Nord und vierzig West«!

Wie das Kamel seinen Höcker kriegte

Nun kommt die nächste Geschichte, und sie erzählt, wie das Kamel seinen großen Höcker kriegte.

Am Anfang aller Jahre, als die Welt so ganz und gar neu war und die Tiere gerade anfingen, für den Menschen zu arbeiten, da gab es ein Kamel, und das lebte mitten in einer scheuseligen Wüste, weil es arbeitsscheu und außerdem noch ein Scheusal war. Deshalb aß es Stöcke und Dornen und Tamarisken und Wolfsmilch und Stacheln, ganz schauerlich faul; und wenn jemand etwas zu ihm sagte, sagte es »Hö-kchch!«, bloß »Hö-kchch!« und sonst nichts.

Bald kam das Pferd zu ihm, am Montagmorgen, mit einem Sattel auf dem Rücken und einer Kandare im Mund, und es sagte: »Kamel, o Kamel, komm raus da und trab los wie wir anderen.«

»Hö-kchch!«, sagte das Kamel; und das Pferd ging weg und erzählte es dem Menschen.

Bald darauf kam der Hund zu ihm, mit einem Stock im Mund, und sagte: »Kamel, o Kamel, komm und such und schlepp wie wir anderen.«

Das ist das Bild von dem Dschinn, wie er den Anfang des Zaubers macht, der dem Kamel den Höck verpasst. Zuerst hat er mit dem Finger in der Luft einen Strich gemacht, und der ist fest geworden; und dann machte er eine Wolke, und dann ein Ei – die kannst du unten im Bild sehen –, und dann gab es einen Zauberkürbis, der sich in eine große weiße Flamme verwandelte. Dann nahm der Dschinn seinen Zauberfächer und fächelte die Flamme an, bis aus der Flamme ein eigener Zauber wurde. Es war ein guter Zauber, und sogar ein richtig netter Zauber, obwohl er dem Kamel den Höck aufhöcken musste, weil das Kamel so faul war. Der für alle Wüsten zuständige Dschinn war einer der nettesten Dschinns überhaupt, deshalb hätte er niemals etwas wirklich Unfreundliches getan.

»Hö-kchch!«, sagte das Kamel; und der Hund ging weg und erzählte es dem Menschen.

Bald danach kam der Ochse zu ihm, mit dem Joch auf dem Nacken, und sagte: »Kamel, o Kamel, komm und pflüg wie wir anderen.«

»Hö-kchch!«, sagte das Kamel; und der Ochse ging weg und erzählte es dem Menschen.

Am Ende des Tages rief der Mensch Pferd und Hund und Ochse zu sich und sagte: »Drei, o ihr drei, ihr tut mir sehr leid (wo doch die Welt noch so ganz und gar neu ist); aber dieses Hö-kchch!-Dings in der Wüste kann nicht arbeiten, sonst wäre es ja längst hier, und deshalb lass ich es in Ruhe, und ihr müsst doppelt so viel arbeiten, um das auszugleichen.«

Das machte die drei sehr ärgerlich (wo die Welt doch noch so ganz und gar neu war), und sie hielten ein Palaver ab und ein *indaba* und einen *pantschajat* und ein *pau-wau* am Rande der Wüste; und das Kamel kam vorbei, kaute auf Wolfsmilch, ganz schauerlich faul, und lachte sie aus. Dann sagte es »Hö-kchch!« und ging wieder weg.

Bald kam der für alle Wüsten zuständige Dschinn vorüber; er rollte in einer Staubwolke einher (Dschinns reisen immer so, das ist nämlich Zauberei), und er hielt an, um mit den dreien ein Palaver und *pau-wau* zu machen.

»Dschinn aller Wüsten«, sagte das Pferd, »ist es

denn richtig, dass jemand nichts tut, wo doch die Welt so ganz und gar neu ist?«

»Ganz bestimmt nicht«, sagte der Dschinn.

»Also«, sagte das Pferd, »da steckt mitten in deiner scheuseligen Wüste so ein Ding, selbst auch ein Scheusal, mit langem Hals und langen Beinen, und seit Montagmorgen hat es kein bisschen gearbeitet. Es will nicht traben.«

»Juj!«, sagte der Dschinn; er pfiff. »Das ist mein Kamel, bei allem Gold von Arabien! Was hat es denn dazu zu sagen?«

»Es sagt ›Hö-kchch!‹«, sagte der Hund. »Und es will nicht suchen und schleppen.«

»Sagt es sonst noch was?«

»Nur ›Hö-kchch!‹, und pflügen will es auch nicht«, sagte der Ochse.

»Na schön«, sagte der Dschinn. »Ich werde ihm ein bisschen was aufbrummen, wenn ihr so freundlich seid, einen Moment zu warten.«

Der Dschinn rollte sich in seinen Staubmantel und machte eine Peilung quer durch die Wüste und fand das Kamel; es war gerade ganz schauerlich faul und betrachtete sein Spiegelbild in einer Wasserpfütze.

»Mein langer blubbernder Freund«, sagte der Dschinn, »was höre ich da von wegen nicht arbeiten, wo doch die Welt so ganz und gar neu ist?«

»Hö-kchch!«, sagte das Kamel.

Das ist das Bild vom Dschinn, der für alle Wüsten zuständig ist, wie er den Zauber mit seinem Zauberfächer lenkt. Das Kamel isst gerade einen Akazienzweig und hat eben einmal zu oft »Hökchch!« gesagt (wie der Dschinn es prophezeit hatte), und deshalb kommt jetzt der Höck. Das lange Handtuch-Dings, das aus dem Zwiebel-Dings herauswächst, ist der Zauber, und auf dessen Schulter kannst du den Höck sehen. Der Höck passt genau auf die flache Stelle auf dem Kamelrücken. Das Kamel ist zu sehr damit beschäftigt, seine eigene Schönheit in der Wasserpfütze zu betrachten; deshalb kriegt es nicht mit, was da gerade passiert.

Unter dem eigentlichen Bild ist ein Bild von der Welt, wie sie ganz und gar neu ist. Darauf sind zwei qualmende Vulkane, ein paar andere Berge und einige Steine und ein See und eine schwarze Insel und ein zwirbeliger Fluss und jede Menge andere Dinge, außerdem noch Noahs Arche. Ich konnte nicht alle Wüsten zeichnen, für die der Dschinn zuständig war, deshalb habe ich nur eine gemalt, aber das ist eine besonders wüste Wüste.

Der Dschinn setzte sich hin, die Hand unterm Kinn, und begann, einen großen Zauber zu denken, während das Kamel sein eigenes Spiegelbild in der Wasserpfütze betrachtete.

»Seit Montagmorgen hast du den anderen drei Extraarbeit aufgeladen, alles bloß wegen deiner schauerlichen Faulheit«, sagte der Dschinn; und er dachte weiter großen Zauber mit der Hand unterm Kinn.

»Hö-kchch!«, sagte das Kamel.

»Das würde ich nicht noch mal sagen, wenn ich du wär«, sagte der Dschinn; »du könntest es einmal zu oft sagen. Blubberchen, ich will, dass du arbeitest.«

Und das Kamel sagte wieder »Hö-kchch!«; aber kaum hatte es das gesagt, da sah es, wie sein Rücken, auf den es so stolz war, sich auf und immer aufer blies zu einem großen wabbelnden Höck.

»Siehst du?«, sagte der Dschinn. »Das ist dein ganz eigener Höck, den du dir ganz allein angeschafft hast, weil du nicht arbeitest. Heute ist Donnerstag, und seit Montag, als die Arbeit losging, hast du noch nichts geschafft. Jetzt wirst du arbeiten.«

»Wie kann ich denn«, sagte das Kamel, »mit diesem Höck auf dem Rücken?«

»Der ist mit Absicht da«, sagte der Dschinn, »weil du diese drei Tage versäumt hast. Und du wirst jetzt drei Tage hintereinander arbeiten können, ohne zu essen, weil du von deinem Höck zehren kannst; und sag bloß nicht, ich hätte nie was für dich getan. Jetzt komm raus aus der Wüste und geh zu den dreien, und benimm dich. Höck dich an die Arbeit!«

Und das Kamel höckte sich, samt Höck und allem, und ging los zu den dreien. Und seit diesem Tag trägt das Kamel immer einen Höck (wir nennen ihn heute Höcker, um dem Kamel nicht wehzutun), aber die drei Tage, die es am Anfang der Welt verloren hat, hat es nie aufgeholt, und benehmen kann es sich noch immer nicht.

Ein kamelischer Höck ist ein böses Gepöck,
kuck es dir im Zoo an in Ruh;
doch schlimmer, o Schröck, ist der Trübtassenhöck,
den ich krieg, wenn ich nicht genug tu.

Kinder und Große dazu-u-u,
wie ich, wenn ich zu wenig tu-u-u,
wir kriegen den Höck –
den kamelischen Höck –
den Trübtassenhöck im Nu!

Man steigt aus dem Bett und fühlt sich nicht nett
und sagte am liebsten nur Buh.
Man ächzt und murrt, und man krächzt und man knurrt
über Bad und Spielzeug und Schuh;

warum gibt's dann nich ne Ecke für mich
(und ich weiß, dir steht eine zu),
lässt uns dieser Höck –
der kamelische Höck –
der Trübtassenhöck nicht in Ruh?

Davon wird nicht erlöst, wer sich rumdröckt und döst
oder lesend am Ofen sitzt,
sondern nur, wer sich plagt und schaufelt und hackt
und schuftet, bis er milde schwitzt;

dann merkst du geschwind, wie Sonne und Wind
und der Dschinn des Gartens dazu
dich befrein von dem Höck –
dem schröcklichen Höck –
dem Trübtassenhöck im Nu!

Ich krieg ihn genau wie du-u-u,
wenn ich zu wenig tu-u-u!
Dann dröckt jeden der Höck –
der kamelische Höck –
Kinder und Große dazu!

Wie das Nashorn seine Haut kriegte

wie so lange ist es her, da lebte auf einer unbewohnten Insel an der Küste des Roten Meers einmal ein Parse, dessen Hut die Sonnenstrahlen mit mehr denn orientalischer Pracht widerspiegelte. Und der Parse lebte am Roten Meer mit nichts weiter als seinem Hut und seinem Messer und einem Herd von der Art, die du ganz besonders nie anfassen darfst. Und eines Tages nahm er Mehl und Wasser und Korinthen und Pflaumen und Zucker und allerlei und machte sich einen Kuchen, der war zwei Fuß breit und drei Fuß dick. Es war wirklich ein hochwertiges Genussmittel *(das* ist Zauberei), und er legte den Kuchen auf den Herd, denn *ihm* war es erlaubt, auf diesem Herd zu kochen, und er buk ihn und buk ihn, bis er durch und durch braun war und äußerst sentimental roch. Aber als er ihn eben essen wollte, kam zum Strand herab aus dem vollkommen unbewohnten Binnenland ein Rhinozeros, mit einem Horn auf der Nase, zwei Schweineaugen und wenig Manieren. Damals passte dem Nashorn seine

Haut ganz gut. Sie hatte nirgendwo Falten. Es sah genauso aus wie ein Spielzeug-Nashorn, bloß natürlich viel größer. Trotzdem hatte es damals keine Manieren, und heute hat es keine Manieren, und es wird auch nie Manieren haben. Es sagte: »Hnnn!«, und der Parse ließ den Kuchen liegen und kletterte auf die Spitze einer Palme, mit nichts an außer seinem Hut, der die Sonnenstrahlen immer in mehr denn orientalischer Pracht widerspiegelte. Und das Nashorn kippte mit der Nase den Ölherd um, und der Kuchen rollte in den Sand, und es spießte den Kuchen auf das Horn auf seiner Nase und aß ihn, und dann wedelte es mit dem Schwanz und ging fort, hin zum öden und sattsam unbewohnten Binnenland, das an die Inseln Mazanderan und Sokotra und die Vorgebirge des größeren Äquinoktiums grenzt. Da kam der Parse von seiner Palme herunter und stellte den Herd wieder auf die Beine und rezitierte den folgenden *Sloka,* den ich, weil du ihn nie gehört hast, alsbald wiedergeben will:

Die wo Kuchen einsacken
was der Parsi-Mann backen
böse Fehler die macken.

Und daran war viel mehr, als du jetzt wohl meinst.

Weil nämlich fünf Wochen später eine Hitzewelle im Roten Meer wogte, und jeder zog alle Kleider

Das ist das Bild davon, wie der Parse anfängt, seinen Kuchen zu essen, auf der unbewohnten Insel im Roten Meer, an einem sehr heißen Tag; und wie das Nashorn herbeikommt aus dem vollkommen unbewohnten Binnenland, das, wie du wahrhaftig sehen kannst, ganz felsig ist. Die Haut des Nashorns ist ganz glatt, und die drei Knöpfe, mit denen sie zugeknöpft wird, sind unter dem Bauch, deshalb kannst du sie nicht sehen. Die Wibbeldinger auf dem Hut des Parsen sind die Sonnenstrahlen, die mit mehr denn orientalischer Pracht widergespiegelt werden; wenn ich nämlich richtige Strahlen gemalt hätte, wäre das ganze Bild voll davon. Im Kuchen sind Korinthen, und das Räderdings vorn im Sand hat mal zu einem der Streitwagen des Pharao gehört, als der versuchte, durch das Rote Meer zu fahren. Der Parse hat es gefunden und behalten, um damit zu spielen. Der Parse hieß Pestondschi Bomondschi, und das Nashorn hieß Strorks, weil es durch den Mund atmete statt durch die Nase. Ich würde nicht nach dem Herd fragen, wenn ich du wäre.

Das ist der Parse Pestondschi Bomondschi, wie er auf seiner Palme sitzt und dem Nashorn Strorks beim Baden zusieht, am Strand der vollkommen unbewohnten Insel, wo Strorks seine Haut ausgezogen hatte. Der Parse hat die Kuchenkrümel in die Haut gerubbelt und lächelt beim Gedanken daran, wie sie Strorks kitzeln werden, wenn Strorks die Haut wieder anzieht. Die Haut liegt genau unterhalb der Felsen unter der Palme an einer kühlen Stelle; deshalb kannst du sie nicht sehen. Der Parse trägt einen neuen, mehr denn orientalisch prachtvollen Hut von der Art, wie Parsen ihn tragen; und in der Hand hat er ein Messer, um seinen Namen in Palmen zu schnitzen. Die schwarzen Dinger auf den Inseln draußen im Meer sind Stückchen von Schiffen, die auf der Fahrt durchs Rote Meer untergegangen sind; aber alle Passagiere wurden gerettet und fuhren nach Hause.

Das schwarze Ding im Wasser nah am Ufer ist jedoch kein Wrack. Das ist Strorks das Nashorn, das gerade ohne seine Haut badet. Unter der Haut war es genauso schwarz wie außen. Ich würde nicht nach dem Herd fragen, wenn ich du wäre.

aus, die er hatte. Der Parse zog seinen Hut aus; aber das Nashorn zog seine Haut aus und trug sie über der Schulter, als es zum Baden an den Strand kam. Damals wurde die Haut unten mit drei Knöpfen geknöpft und sah aus wie ein Regenmantel. Das Nashorn sagte überhaupt nichts über den Kuchen des Parsen, den es ganz gegessen hatte; und es hatte nie auch nur die geringsten Manieren, damals, seither oder hinfort. Es watschelte sofort ins Wasser, blubberte Blasen durch die Nase und ließ die Haut am Strand.

Bald kam der Parse vorbei und fand die Haut, und er lächelte ein Lächeln, das zweimal um sein ganzes Gesicht lief. Dann tanzte er dreimal um die Haut und rieb sich die Hände. Dann ging er zu seinem Lager und füllte seinen Hut mit Kuchenkrümeln, denn der Parse aß nie etwas anderes als Kuchen, und er fegte nie sein Lager aus. Er rüttelte die Haut, und er schüttelte die Haut, und er schrubbelte die Haut, und er rubbelte die Haut voll mit alten, trockenen Schalen, kitzligen Kuchenkrümeln und ein paar angebrannten Korinthen, so viel überhaupt nur hineingingen. Dann kletterte er auf die Spitze seiner Palme und wartete darauf, dass das Nashorn aus dem Wasser kam und sie anzog.

Und genau das tat das Nashorn. Es knöpfte die Haut mit den drei Knöpfen zu, und sie kitzelte wie

Kuchenkrümel im Bett. Da wollte es sich kratzen, aber das machte alles nur noch schlimmer; und dann legte es sich in den Sand und rollte und rollte und rollte, und sooft es rollte, kitzelten es die Kuchenkrümel schlimmer und schlimmer und schlimmer. Da lief es zur Palme und rieb und rieb und rieb sich an ihr. Es rieb so sehr und so fest, dass es die Haut über den Schultern zu einer großen Falte rieb, und noch eine Falte unten, wo die Knöpfe mal waren (aber die Knöpfe hat es abgerubbelt), und dann rieb es sich noch ein paar Falten über die Beine. Und das versaute ihm die Laune, aber den Kuchenkrümeln war das vollkommen egal. Die waren in seiner Haut und kitzelten. Da ging es nach Hause, wirklich sehr verärgert und furchtbar kratzig. Und seit diesem Tag hat jedes Nashorn große Falten in der Haut und ganz schlechte Laune und ist kratzbürstig, alles wegen der Kuchenkrümel drinnen.

Aber der Parse kam von seiner Palme herunter, mit seinem Hut, der die Sonnenstrahlen mit mehr denn orientalischer Pracht widerspiegelte, packte seinen Kochherd zusammen und ging fort nach Orotavo, Amygdala, den Hochlandwiesen von Anantarivo und den Sümpfen von Sonapat.

Vor Kap Gardafui liegt diese
    Insel unbewohnt und leer,
bei den Stränden von Sokotra
    in Arabiens rosa Meer;
da ist's heiß – zu heiß von Suez
    brennt die Sonne uns zu sehr,
        dass den Kuchen-
        Parsen besuchen
    für dich und mich zu hitzig wär!

Wie der Leopard seine Flecken kriegte

In den Tagen, als alles begann, Bestgeliebtes, lebte der Leopard an einem Flecken namens Hochveld. Denk dran, es war nicht das Tiefe Veld oder das Buschveld oder das Sauerveld, sondern das sattsam kahle heiße glimmende Hochveld, und da gab es Sand und sandfarbenen Fels und sattsam Büschel von sandgelbem Gras. Die Giraffe und das Zebra und die Elenantilope und das Kudu und das Hartebeest lebten dort; und die waren über und über sattsam sandgelb-bräunlich; aber der Leopard war von allen der sattsamst Sandgelb-bräunlichste – ein grau-gelbliches katziges Tier, und er passte aufs Haar zur sattsam gelbgraubräunlichen Farbe des Hochveld. Das war sehr schlecht für die Giraffe und das Zebra und die anderen; er legte sich nämlich immer neben einen sattsam gelb-graubräunlichen Stein oder Grasbüschel, und wenn die Giraffe oder das Zebra oder die Elenantilope oder das Kudu oder der Buschbock oder der Buntbock vorüberkamen, dann überraschte er sie springlebendig, bis sie das nicht mehr waren. Wirklich! Und dann gab es da noch einen

Äthiopier mit Pfeil und Bogen (ein sattsam graubraungelblicher Mann war das damals), der lebte auf dem Hochveld mit dem Leoparden; und die beiden gingen immer zusammen auf Jagd – der Äthiopier mit Pfeil und Bogen und der Leopard mit sattsam Zähnen und Krallen –, bis die Giraffe und die Elenantilope und das Kudu und das Quagga und all die anderen nicht mehr wussten, wohin sie noch springen sollten, Bestgeliebtes. Wussten sie wirklich nicht!

Nach langer Zeit – damals lebte alles ganz lange – lernten sie, allem auszuweichen, was wie ein Leopard oder wie ein Äthiopier aussah; und eins nach dem anderen – die Giraffe fing damit an, weil sie die längsten Beine hatte – gingen sie weg vom Hochveld. Tage und Tage und Tage lang sind sie weggezockelt, bis sie an einen großen Wald kamen, sattsam voll von Bäumen und streifig-klecksig-flickig-fleckigen Schatten, und da versteckten sie sich; und wieder nach langer Zeit, wie sie da immer halb im Schatten standen und halb draußen, und wie da die glitschig-glubschigen Schatten der Bäume immer auf sie fielen, da wurde die Giraffe fleckig, und das Zebra wurde streifig, und die Elenantilope und das Kudu wurden dunkler, mit kleinen wellig grauen Linien auf den Rücken wie Borke an einem Baum; und obwohl man sie hören und riechen konnte, sah man sie nur selten und auch dann nur, wenn man genau wusste, wohin man schauen musste. Ihnen ging es ganz prima in den sattsam fleckig-flockigen Schatten des Waldes, während der Leopard und der Äthiopier draußen auf dem sattsam grau-gelbrötlichen Hochveld herumliefen und sich fragten, wohin all ihre Frühstücke und Mittagessen und Abendmahlzeiten verschwunden waren. Schließlich hatten sie solchen Hunger, dass sie Ratten und Käfer und Felskarnickel aßen, der Leopard und der Äthiopier, und dann kriegten sie das ganz große Bauchweh, beide zusammen; und dann trafen sie Baviaan – den hundeköpfigen, bellenden Pavian, der so ziemlich das weiseste Tier in ganz Südafrika ist.

Der Leopard sagte zu Baviaan (und es war ein sehr heißer Tag): »Wohin ist das ganze Wild verschwunden?«

Und Baviaan zwinkerte. Er wusste es.

Der Äthiopier sagte zu Baviaan: »Könnten Sie mir das derzeitige Habitat der ursprünglichen Fauna nennen?« (Das hieß genau dasselbe, aber der Äthiopier gebrauchte immer lange Wörter. Er war eben ein Erwachsener.) Und Baviaan zwinkerte. Er wusste es.

Dann sagte Baviaan: »Das Wild hat sich andere Flecken gesucht; und ich rate dir, Leopard, dass du dir so bald wie möglich ebenfalls andere Flecken suchst.«

Und der Äthiopier sagte: »Das ist ja alles ganz

Das ist der weise Baviaan, der hundsköpfige Pavian, so ziemlich das weiseste Tier in ganz Südafrika. Ich hab ihn gemalt nach einer Statue, die ich mir selber ausgedacht habe, und ich habe seinen Namen auf den Gürtel geschrieben und auf die Schulter und auf das Ding, auf dem er sitzt. Ich habe mit Zeichen geschrieben, die notfalls Koptisch heißen und Hieroglyphisch und Keilschriftisch und Bengalisch und Burmisch und Hebrisch, bloß weil er so weise ist. Schön ist er nicht, aber sehr weise, und ich würde ihn gern mit Farben aus dem Farbkasten ausmalen, aber das darf ich nicht. Das regenschirmige Ding um seinen Kopf ist seine gewohnheitsmäßige Mähne.

schön, aber ich wüsste doch gern, in welche Direktion die ursprüngliche Fauna emigriert ist.«

Da sagte Baviaan: »Die ursprüngliche Fauna hat sich der ursprünglichen Flora zugesellt, weil es höchste Zeit für einen Wechsel war. Und ich rate dir, Äthiopier, so bald wie möglich zu wechseln.«

Das verwirrte den Leoparden und den Äthiopier, aber sie machten sich auf, um nach der ursprünglichen Flora zu suchen, und bald, nach ganz vielen Tagen, sahen sie einen großen, hohen, langen Wald, voll von Baumstämmen, alle sattsam gefleckt und gesprenkelt und gescheckt, verklebt und bespritzt und zerschlitzt und schraffiert und quer schraffiert von Schatten (sag das mal ganz schnell, dann siehst du, wie schattig der Wald gewesen sein muss).

»Was ist denn das«, sagte der Leopard, »was so sattsam düster ist und trotzdem so voll kleiner Lichtstückchen?«

»Weiß ich nicht«, sagte der Äthiopier. »Es müsste aber die ursprüngliche Flora sein. Ich kann Giraffe riechen. Und ich kann Giraffe hören, aber ich kann Giraffe nicht sehen.«

»Das ist komisch«, sagte der Leopard. »Ich nehme an, das liegt daran, dass wir gerade aus der Sonne kommen. Ich kann Zebra riechen, und ich kann Zebra hören, aber ich kann Zebra nicht sehen.«

»Warte mal«, sagte der Äthiopier. »Es ist schon

lange her, dass wir sie das letzte Mal gejagt haben. Vielleicht haben wir vergessen, wie die aussehen.«

»Quatsch!«, sagte der Leopard. »Ich erinnere mich ganz genau an sie, auf dem Hochveld, vor allem an ihre Markknochen. Giraffe ist ungefähr siebzehn Fuß hoch und sattsam rotgold-gelblich von Kopf bis Fuß; und Zebra ist ungefähr viereinhalb Fuß hoch und sattsam graubräunlich von Kopf bis Fuß.«

»Mmm«, sagte der Äthiopier; er schaute in die flickig-fleckigen Schatten des ursprünglichen Florawalds. »Dann müsste man die hier im Dunkeln sehen können wie reife Bananen in einer Räucherkammer.«

Sie waren aber nicht zu sehen. Der Leopard und der Äthiopier jagten den ganzen Tag lang; und sie konnten sie zwar riechen und hören, aber sie sahen gar nichts von ihnen.

»Du liebe Güte«, sagte der Leopard, als es Zeit fürs Abendessen war, »warten wir, bis es dunkel ist. Dieses Gejage bei Tageslicht ist wirklich ein Skandal.«

Also warteten sie, bis es dunkel war, und dann hörte der Leopard etwas schnüffelig atmen im Sternenlicht, das ganz streifig durch die Äste fiel, und er sprang das Geräusch an, und es roch wie Zebra und fühlte sich an wie Zebra, und als er es umwarf, zappelte es wie Zebra, aber er konnte es nicht sehen. Deshalb sagte er: »Halt still, o du Person ohne jede Gestalt. Ich bleib jetzt bis morgen früh auf deinem

Kopf sitzen; du hast nämlich irgendwas an dir, was ich nicht verstehe.«

Bald danach hörte er ein Knurren und Krachen und Krabbeln, und der Äthiopier rief: »Ich hab was gefangen, was ich nicht sehen kann. Es riecht wie Giraffe und zappelt wie Giraffe, aber es hat überhaupt keine Gestalt.«

»Trau ihm nicht«, sagte der Leopard. »Bleib auf seinem Kopf sitzen bis morgen früh – genau wie ich. Die haben gar keine Gestalt – keiner von denen.«

Deshalb blieben sie feste auf ihnen sitzen bis in den hellen Morgen, und dann sagte der Leopard: »Was hast du auf deiner Seite vom Esstisch, Bruder?«

Der Äthiopier kratzte sich den Kopf und sagte: »Eigentlich müsste es von Kopf bis Fuß sattsam kräftig rotgoldorangebräunlich sein und Giraffe; es ist aber ganz bedeckt von kastanienbraunen Flecken. Was hast du auf deiner Seite vom Esstisch, Bruder?«

Und der Leopard kratzte sich den Kopf und sagte: »Eigentlich müsste es von Kopf bis Fuß fein sattsam sandgraubräunlich sein und Zebra; es ist aber ganz bedeckt mit schwarzen und lila Streifen. Was hast du denn bloß mit dir angestellt, Zebra? Weißt du denn nicht, dass ich dich zehn Meilen weit sehen könnte, wenn du auf dem Hochveld wärst? Du hast ja gar keine Gestalt.«

»Doch«, sagte das Zebra, »aber hier ist nicht das Hochveld. Siehst du das denn nicht?«

»Jetzt wohl«, sagte der Leopard. »Aber gestern den ganzen Tag nicht. Wie macht ihr das bloß?«

»Lasst uns los«, sagte das Zebra, »dann zeigen wir es euch.«

Sie ließen das Zebra und die Giraffe aufstehen; und Zebra verdrückte sich zwischen ein paar kleine Dornbüsche, durch die ganz streifig das Sonnenlicht fiel, und Giraffe verdrückte sich zwischen ein paar ziemlich hohe Bäume, wo die Schatten ganz fleckig waren.

»Jetzt passt auf«, sagten das Zebra und die Giraffe. »So macht man das. Eins-zwei-drei! Und wo ist euer Frühstück?«

Der Leopard starrte, und der Äthiopier starrte, aber sie konnten nichts sehen außer streifigen Schatten und fleckigen Schatten im Wald, bloß keine Spur von Zebra und Giraffe. Die waren einfach losgegangen und hatten sich im schattigen Wald versteckt.

»Hei! Hei!«, sagte der Äthiopier. »Den Trick müsste man auch können. Nimm dir ein Beispiel daran, Leopard. Dich kann man hier im Dunkeln sehen wie ein Stück Seife in einer Kohlenschütte.«

»Ho! Ho!«, sagte der Leopard. »Würde es dich sehr überraschen zu hören, dass man dich hier im Dunkel sehen kann wie ein Senfpflaster auf einem Kohlensack?«

Das ist das Bild vom Leoparden und dem Äthiopier, nachdem sie dem Rat des großen weisen Baviaan gefolgt waren und der Leopard sich andere Flecken gesucht und der Äthiopier die Haut gewechselt hatte. Der Äthiopier war in Wirklichkeit ein Neger, und deshalb hieß er Sambo. Der Leopard hieß Flecks, und so wird er noch immer genannt. Sie sind gerade auf der Jagd im flickig-fleckigen Wald und suchen nach Herrn Eins-Zwei-Drei-Wo-Ist-Euer-Frühstück. Wenn du ein bisschen suchst, kannst du Herrn Eins-Zwei-Drei nicht weit entfernt sehen. Der Äthiopier versteckt sich hinter einem flecksig-klecksigen Baum, weil er zu seiner Haut passt, und der Leopard liegt neben einem flickig-fleckigen Steinhaufen, weil der zu seinen Flecken passt. Eins-Zwei-Drei-Wo-Ist-Euer-Frühstück steht aufrecht da und isst Blätter von einem hohen Baum. Eigentlich ist das ein Ratebild wie »Such die Katze«.

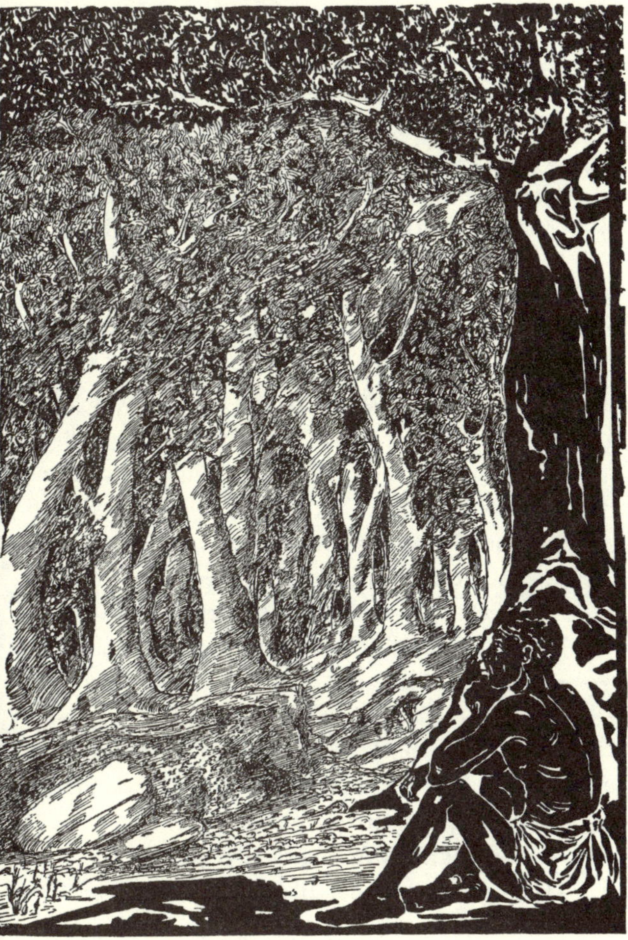

»Also, vom Schimpfen kriegen wir nichts zu essen«, sagte der Äthiopier. »Kurz gesagt, läuft alles darauf hinaus, dass wir nicht zu unserer Umgebung passen. Ich werde mich an Baviaans Rat halten. Er hat mir Wechseln empfohlen; und weil ich außer meiner Haut nichts zu wechseln hab, will ich die wechseln.«

»Und zwar?«, sagte der Leopard ganz aufgeregt.

»Gegen ein nettes einfaches Schwarzbraun mit ein bisschen Lila drin und ein paar Tupfern Schieferblau. Ganz prima, um sich in Kuhlen und hinter Bäumen zu verstecken.«

Also wechselte er auf der Stelle seine Haut, und der Leopard war aufgeregter als je zuvor; er hatte nämlich noch nie gesehen, wie ein Mensch seine Haut wechselt.

»Aber was ist mit mir?«, sagte er, als der Äthiopier seinen letzten kleinen Finger in der schönen neuen schwarzen Haut untergebracht hatte.

»Du solltest dich auch an Baviaans Rat halten. Er hat dir gesagt, du sollst dir neue Flecken suchen.«

»Hab ich doch gemacht«, sagte der Leopard. »Ich hab mir, so schnell es ging, andere Flecken gesucht. Zu dem Flecken hier bin ich doch mit dir gekommen, und was hab ich jetzt davon?«

»Ah«, sagte der Äthiopier, »Baviaan hat keine Flecken irgendwo in Südafrika gemeint. Er meinte Flecken auf deiner Haut.«

»Wozu soll das gut sein?«, sagte der Leopard.

»Denk an Giraffe«, sagte der Äthiopier. »Oder wenn dir Streifen lieber sind, denk an Zebra. Die sind mit ihren Flecken und Streifen völlig zufrieden.«

»Mmm«, sagte der Leopard. »Wie Zebra will ich aber nicht aussehen – auf gar keinen Fall.«

»Also, entscheide dich für irgendwas«, sagte der Äthiopier. »Ich möchte nämlich nicht ohne dich jagen gehen, aber das muss ich wohl, wenn du darauf bestehst, auszusehen wie eine Sonnenblume vor einem geteerten Zaun.«

»Dann nehm ich die Flecken«, sagte der Leopard; »aber mach sie nicht zu fies fett. Ich will nicht aussehen wie Giraffe – auf gar keinen Fall.«

»Ich mach sie mit den Fingerspitzen«, sagte der Äthiopier. »Auf meiner Haut ist noch genug Schwarz übrig. Stillhalten!«

Dann presste der Äthiopier seine fünf Finger eng aneinander (auf seiner neuen Haut war noch genug Schwarz übrig) und drückte sie überall auf den Leoparden, und wo die fünf Finger ihn berührten, da hinterließen sie fünf kleine schwarze Male, alle eng beieinander. Die kannst du noch immer auf jedem Leopardenfell sehen, Bestgeliebtes. Manchmal glitschten die Finger weg, und die Male wurden ein bisschen verschwommen; aber wenn du dir heute einen Leoparden genau anschaust, kannst du sehen, dass es immer fünf Flecken sind – von fünf fetten schwarzen Fingerspitzen.

»Jetzt bist du aber schön!«, sagte der Äthiopier. »Du kannst dich auf den nackten Boden legen und aussehen wie ein Kieshaufen. Du kannst dich auf die nackten Felsen legen und aussehen wie ein Stück Puddingstein. Du kannst dich auf einen Ast mit Blättern legen und aussehen wie Sonnenschein, der durch das Laub rieselt; und du kannst dich mitten auf einen Weg legen und aussehen wie nichts Besonderes. Stell dir das vor, und dann schnurre!«

»Aber wenn ich all das bin«, sagte der Leopard, »warum hast du dir denn nicht auch Flecken gemacht?«

»Ach, einfach schwarz ist für nen Neger am besten«, sagte der Äthiopier. »Jetzt komm mit, wir wollen sehen, ob wir nicht mit Herrn Eins-Zwei-Drei-Wo-Ist-Euer-Frühstück fertigwerden!«

Und so zogen sie los und lebten fortan glücklich und zufrieden, Bestgeliebtes. Das ist alles.

Ach so – hin und wieder wirst du Erwachsene sagen hören: »Kann denn der Mohr seine Haut wechseln oder der Leopard seine Flecken?« Ich glaube, nicht mal Erwachsene würden so was Dummes immer wieder sagen, wenn der Leopard und der Äthiopier das nicht irgendwann einmal getan hätten – oder? Aber sie werden es nie wieder tun, Bestgeliebtes. Sie sind ganz zufrieden so, wie sie sind.

Ich bin der weise Baviaan, sag leise und gescheit:
»Lass uns mit der Landschaft verschmelzen –
nur du und ich zu zweit.«
Besuch ist gekommen – im Wagen.
Aber Mami ist doch da …
Wenn du mich mitnimmst, darf ich –
Tantchen ist es egal. Sag doch Ja!
Komm, wir gehen zum Schweinestall
und hocken uns auf den Zaun!
Komm, lass uns zur Wiese gehn,
um den Häschen zuzuschaun!
Komm, lass – ach, irgendwas, Papi,
wir beide büxen aus,
wir gehen auf große Fahrt, wir zwei,
und kommen erst abends nach Haus!
Die Stiefel hab ich dir mitgebracht,
die Mütze und deinen Stab,
und da sind Pfeife und Tabak.
Ach, komm schnell – hauen wir ab!

Das Elefantenkind

In den hohen und fernen Zeiten, Bestgeliebtes, hatte der Elefant keinen Rüssel. Er hatte nur eine schwärzliche wulstige Nase, so groß wie ein Stiefel, mit der er hin und her wackeln konnte; aber er konnte nichts damit aufheben. Es gab aber einen Elefanten – einen neuen Elefanten – ein Elefantenkind, das war voll nimmersatter Neugier; und das bedeutet, dass der Kleine furchtbar viele Fragen stellte. Und er lebte in Afrika und füllte ganz Afrika mit seinen nimmersatten Neugierden. Er fragte seinen großen Onkel Strauß, warum seine Schwanzfedern genau so wüchsen, und sein großer Onkel Strauß verhaute ihn mit seiner harten, harten Klaue. Er fragte seine große Tante Giraffe, wieso ihre Haut so fleckig sei, und seine große Tante Giraffe verhaute ihn mit ihrem harten, harten Huf. Und noch immer war er voll nimmersatter Neugier! Er fragte seine breite Tante Nilpferd, warum ihre Augen rot seien, und seine breite Tante Nilpferd verhaute ihn mit ihrem breiten, breiten Huf; und er fragte seinen haarigen Onkel Pavian, weshalb Melonen genau so schmeckten, und sein haariger Onkel Pavian verhaute ihn mit seiner haarigen, haarigen Pfote. Und immer noch war er voll nimmersatter Neugier! Er fragte nach allem, was er sah oder hörte oder fühlte oder roch oder berührte, und all seine Onkel und Tanten verhauten ihn. Und trotzdem war er voll nimmersatter Neugier! Eines schönen Morgens mitten in der Präzession der Äquinoktien stellte dieses nimmersatte Elefantenkind eine neue schöne Frage, die es noch nie gestellt hatte. Der Kleine fragte: »Was isst das Krokodil zu Mittag?« Daraufhin sagten alle: »Pssst!«, laut und mit fürchterlicher Stimme, und sie verhauten ihn sofort und direkt, lange Zeit, ohne aufzuhören.

Nach und nachher, als das zu Ende war, begegnete er einem Kolokolo-Vogel, der mitten in einem Teufelsblau-Dornbusch hockte, und er sagte: »Mein Vater hat mich verhauen, und meine Mutter hat mich verhauen, all meine Tanten und Onkel haben mich verhauen, wegen meiner nimmersatten Neugier; aber ich will immer noch wissen, was das Krokodil zu Mittag isst!«

Da sagte Kolokolo-Vogel mit einem klagenden Schrei: »Geh zum Ufer des großen graugrünen grützigen Limpopo-Flusses, wo überall Fieberbäume stehen, und finde es heraus.«

Gleich am nächsten Morgen, als vom Äquinoktium nichts mehr übrig war, weil die Präzession gemäß Präzedenz prozediert war, nahm sich dieses nimmersatte Elefantenkind hundert Pfund Bananen (die kleine stupsige rote Sorte) und hundert Pfund Zuckerrohr (die lange lila Sorte) und siebzehn Melonen (die knackig grüne Sorte) und sagte all seinen lieben Verwandten: »Wiedersehen. Ich gehe jetzt zum großen graugrünen grützigen Limpopo-Fluss, wo überall Fieberbäume stehen, um rauszukriegen, was das Krokodil zu Mittag isst.« Und alle verhauten ihn noch mal, was ihm Glück bringen sollte, obwohl er sie sehr höflich bat, aufzuhören.

Dann ging er fort, ein bisschen angewärmt, aber überhaupt nicht verblüfft, und dabei aß er Melonen und warf die Schalen weg, weil er sie nicht aufheben konnte.

Er ging von Graham's Town nach Kimberley und von Kimberley nach Khamas Land, und von Khamas Land ging er nach Nordosten, und dabei aß er die ganze Zeit Melonen, bis er endlich zum Ufer des großen graugrünen grützigen Limpopo-Flusses kam, wo überall Fieberbäume standen, genau wie Kolokolo-Vogel gesagt hatte.

Nun musst du wissen und verstehen, o Bestgeliebtes, dass bis genau zu dieser Woche und diesem Tag und dieser Stunde und dieser Minute dieses nimmersatte Elefantenkind nie ein Krokodil gesehen hatte und nicht wusste, wie eines aussah. Das war alles bloß seine nimmersatte Neugier.

Als Erstes fand er eine zweifarbige Felspython-Schlange, die sich um einen Felsen ringelte.

»Tschuldigung«, sagte der kleine Elefant überaus höflich, »aber haben Sie in dieser vermeintlichen Gegend so etwas wie ein Krokodil gesehen?«

»Ob ich ein Krokodil gesehen hab?«, sagte die zweifarbige Felspython-Schlange mit einer Stimme voll fürchterlicher Verachtung. »Was fragst du mich bloß als Nächstes?«

»Tschuldigung«, sagte das Elefantenkind, »aber könnten Sie mir freundlicherweise sagen, was das Krokodil zu Mittag isst?«

Da ringelte sich die zweifarbige Felspython-Schlange sehr schnell vom Felsen ab und verhaute das Elefantenkind mit ihrem schweren schwummerigen Schwuppenschwanz.

»Das ist komisch«, sagte das Elefantenkind, »weil nämlich mein Vater und meine Mutter und mein Onkel und meine Tante, nicht zu reden von meiner zweiten Tante, Frau Nilpferd, und meinem zweiten Onkel, Herrn Pavian, mich alle wegen meiner nimmersatten Neugier verhauen haben – und das hier fühlt sich an wie dasselbe.«

Also sagte der Kleine sehr höflich Auf Wiedersehen

Das ist das Elefantenkind, dem das Krokodil gerade die Nase lang zieht. Der kleine Elefant ist sehr überrascht und verblüfft und verletzt und redet durch die Nase und sagt gerade: »Lassed Sie bich los! Sie tud bir weh!« Er zieht sehr kräftig, und das Krokodil auch; aber die zweifarbige Felspython-Schlange saust schon durchs Wasser, um dem Elefantenkind zu helfen. Das ganze schwarze Zeug sind die Ufer des großen graugrünen grützigen Limpopo-Flusses (aber ich darf diese Bilder nicht bunt malen), und der Flaschenbaum mit den Zwirbelwurzeln und den acht Blättern ist einer der Fieberbäume, die da wachsen.

Unter dem eigentlichen Bild sind Schatten von afrikanischen Tieren, die in eine afrikanische Arche gehen. Es sind zwei Löwen, zwei Strauße, zwei Ochsen, zwei Kamele, zwei Schafe, und zwei andere, die aussehen wie Ratten, aber ich glaube, das sind Felskarnickel. Die bedeuten gar nichts. Ich habe sie nur dahin getan, weil ich fand, dass sie nett aussehen. Sie würden ganz prima aussehen, wenn ich sie bunt malen dürfte.

zur zweifarbigen Felspython-Schlange und half ihr, sich wieder um den Felsen zu ringeln, und ging weiter, ein bisschen angewärmt, aber überhaupt nicht verblüfft, und dabei aß er Melonen und warf die Schalen fort, weil er sie nicht aufheben konnte, bis er auf etwas trat, was er für einen Baumstamm hielt, direkt am Ufer des großen graugrünen grützigen Limpopo-Flusses, wo überall Fieberbäume stehen.

Aber in Wirklichkeit war es das Krokodil, o Bestgeliebtes, und das Krokodil zwinkerte mit einem Auge – so!

»Tschuldigung«, sagte das Elefantenkind überaus höflich, »aber haben Sie in dieser vermeintlichen Gegend zufällig ein Krokodil gesehen?«

Da zwinkerte das Krokodil mit dem anderen Auge und hob seinen Schwanz halb aus dem Schlamm; und der kleine Elefant trat überaus höflich zurück, weil er nicht schon wieder verhauen werden wollte.

»Komm her, Kleiner«, sagte das Krokodil. »Warum stellst du solche Fragen?«

»Tschuldigung«, sagte das Elefantenkind überaus höflich, »aber mein Vater hat mich verhauen, und meine Mutter hat mich verhauen, nicht zu reden von meinem großen Onkel Strauß und meiner langen Tante Giraffe, die ganz furchtbar heftig treten kann, dazu auch noch meine breite Tante Nilpferd und mein haariger Onkel Pavian und die zweifarbige

Felspython-Schlange mit dem schweren schwummerigen Schwuppenschwanz da oben am Ufer, die noch härter haut als alle anderen; und deshalb, wenn es Ihnen nichts ausmacht, möchte ich nicht schon wieder verhauen werden.«

»Komm her, Kleiner«, sagte das Krokodil, »ich bin nämlich das Krokodil.« Und es weinte Krokodilstränen, um zu zeigen, dass das stimmte.

Da war das Elefantenkind ganz atemlos und keuchte und kniete am Ufer nieder und sagte: »Sie sind genau die Person, die ich schon seit so vielen Tagen suche. Würden Sie mir bitte sagen, was Sie zu Mittag essen?«

»Komm her, Kleiner«, sagte das Krokodil, »ich will es dir ins Ohr flüstern.«

Da senkte der kleine Elefant den Kopf bis ganz nah an den schauerlich hauerlichen Mund des Krokodils, und das Krokodil packte ihn an seiner kleinen Nase, die bis zu dieser Woche, diesem Tag, dieser Stunde und dieser Minute nicht größer gewesen war als ein Stiefel, aber viel nützlicher.

»Ich glaube«, sagte das Krokodil – und es sprach durch die Zähne, so –, »ich glaube, heute esse ich zuerst mal Elefantenkind!«

Darüber, o Bestgeliebtes, war der kleine Elefant sehr erbost, und durch die Nase, so, sagte er: »Lassed Sie bich los! Sie tud bir weh!«

Da schlurfte die zweifarbige Felspython-Schlange

das Ufer herunter und sagte: »Mein junger Freund, wenn du nicht jetzt, sofort und augenblicklich, so stark ziehst, wie du nur kannst, bin ich davon überzeugt, dass dein Bekannter in dem grob gemusterten Ledermantel da«, (und damit meinte sie das Krokodil), »dich in jenen kristallklaren Strom alldorten hineinzerren wird, ehe du auch nur Piep sagen kannst.«

So reden die zweifarbigen Felspython-Schlangen nämlich immer.

Da hockte sich das Elefantenkind auf seine kleinen Hinterbacken und zog und zog und zog, und seine Nase wurde länger. Und das Krokodil zappelte im Wasser herum, machte es ganz sahnig mit großen Schwanzschlägen und zog und zog und zog.

Und die Nase des Elefantenkinds wurde immer noch länger; und der kleine Elefant spreizte seine vier kleinen Beine und zog und zog und zog, und die Nase wurde immer noch länger; und das Krokodil drosch mit seinem Schwanz wie mit einem Ruder, und es zog und zog und zog, und mit jedem Ziehen wurde die Nase des kleinen Elefanten länger und länger – und das tat ihm furchtbar weh!

Dann merkte der kleine Elefant, wie seine Beine zu rutschen begannen, und er sagte durch seine Nase, die jetzt fast fünf Fuß lang war: »Das kadd ich dicht schaffed!«

Da kam die zweifarbige Felspython-Schlange vom

Ufer herunter und verknäuelte sich zu einem doppelten Seemannsknoten um die Hinterbeine des Elefantenkinds und sagte: »O unbesonnener und unerfahrener Reisender, wir wollen uns nun ernstlich um ein wenig Hochspannung bemühen; ich habe nämlich den Eindruck, wenn wir das nicht tun, wird jenes mit Eigenantrieb und gepanzertem Oberdeck versehene Kriegsschiff dort«, (und damit, o Bestgeliebtes, meinte sie das Krokodil), »deine zukünftige Laufbahn dauerhaft vereiteln.«

So reden alle zweifarbigen Felspython-Schlangen nämlich immer.

Also zog sie, und das Elefantenkind zog, und das Krokodil zog; aber das Elefantenkind und die zweifarbige Felspython-Schlange zogen am kräftigsten; und schließlich ließ das Krokodil die Nase des Elefantenkinds los, mit einem Plopp, das man den ganzen Limpopo rauf und runter hören konnte.

Da setzte sich der kleine Elefant sehr heftig und plötzlich hin; aber er achtete darauf, zuerst zur zweifarbigen Felspython-Schlange »Danke schön« zu sagen; und danach war er lieb zu seiner armen gezogenen Nase und wickelte sie ganz in kühle Bananenblätter und hängte sie zum Abkühlen in den großen graugrünen grützigen Limpopo.

»Warum tust du das denn?«, sagte die zweifarbige Felspython-Schlange.

Das ist bloß ein Bild vom Elefantenkind, wie es mit seinem feinen neuen langen Rüssel Bananen von einem Bananenbaum pflücken will. Ich finde, das ist kein sehr schönes Bild; ich konnte es aber nicht besser machen, weil Elefanten und Bananen schwierig zu malen sind. Die streifigen Dinger hinter dem Elefanten bedeuten dumpfiges Sumpfland irgendwo in Afrika. Die meisten Schlammkappen hat das Elefantenkind aus dem Schlamm gemacht, den es da fand. Ich glaube, es sähe schöner aus, wenn du den Bananenbaum grün und das Elefantenkind rot malen würdest.

»Tschuldigung«, sagte das Elefantenkind, »aber meine Nase ist ganz unförmig, und ich warte darauf, dass sie wieder schrumpft.«

»Da wirst du aber lange warten müssen«, sagte die zweifarbige Felspython-Schlange. »Manche Leute wissen wirklich nicht, was gut für sie ist.«

Der kleine Elefant saß drei Tage lang da und wartete darauf, dass seine Nase schrumpfte. Aber sie wurde überhaupt nicht kürzer, und außerdem fing er dabei an zu schielen. Du musst nämlich sehen und verstehen, o Bestgeliebtes, dass das Krokodil die Nase zu einem richtigen echten Rüssel auseinandergezogen hatte, wie ihn heute alle Elefanten haben.

Am Ende des dritten Tages kam eine Fliege und stach den kleinen Elefanten in die Schulter, und noch ehe er selber wusste, was er tat, hob er den Rüssel und schlug mit dem Ende die Fliege tot.

»Vorteil Nummer eins!«, sagte die zweifarbige Felspython-Schlange. »Mit einer einfachen Rotzglotznase hättest du das nicht gekonnt. Jetzt versuch mal, was zu essen.«

Ehe er noch wusste, was er da tat, streckte der kleine Elefant den Rüssel aus und pflückte ein großes Grasbüschel, staubte es an seinen Vorderbeinen ab und stopfte es sich in den Mund.

»Vorteil Nummer zwei!«, sagte die zweifarbige Felspython-Schlange. »Mit einer einfachen Rotzglotznase hättest du das nicht gekonnt. Findest du nicht, dass es hier in der Sonne sehr heiß ist?«

»Das stimmt«, sagte der kleine Elefant, und ehe er noch wusste, was er eigentlich tat, schschlürfte er einen großen Schschlürf Schschlamm vom Ufer des großen graugrünen grützigen Limpopo und klatschte ihn sich auf den Kopf, wo daraus eine kühle schlabberschlürfige Schlammkappe wurde, ganz rieselig hinter den Ohren.

»Vorteil Nummer drei!«, sagte die zweifarbige Felspython-Schlange. »Mit einer einfachen Rotzglotznase hättest du das nicht gekonnt. Was würdest du jetzt davon halten, wieder verhauen zu werden?«

»Tschuldigung«, sagte das Elefantenkind, »aber davon würde ich überhaupt nichts halten.«

»Was würdest du denn davon halten, selber jemanden zu verhauen?«, sagte die zweifarbige Felspython-Schlange.

»Davon würde ich sehr viel halten«, sagte das Elefantenkind.

»Also«, sagte die zweifarbige Felspython-Schlange, »du wirst sehen, deine neue Nase da ist sehr gut geeignet, um Leute zu verhauen.«

»Danke schön«, sagte das Elefantenkind, »ich werde dran denken, und jetzt geh ich, glaub ich, nach Hause zu all meinen lieben Verwandten und probier das mal.«

So ging dann der kleine Elefant nach Hause, quer durch Afrika; und dabei wedelte und witschte er mit seinem Rüssel. Wenn er Früchte essen wollte, pflückte er sie von einem Baum, statt wie bisher darauf zu warten, dass sie herunterfielen. Wenn er Gras wollte, riss er Gras aus dem Boden, statt sich wie bisher hinzuknien. Wenn ihn die Fliegen bissen, brach er einen Ast von einem Baum und benutzte ihn als Fliegenpatsche; und er machte sich eine neue, kühle, quatschig-matschige Schlammkappe, sooft die Sonne heiß war. Wenn er sich auf dem Weg durch Afrika einsam fühlte, sang er sich selbst etwas in seinen Rüssel, und das war lauter als mehrere Blaskapellen. Er machte einen besonderen Umweg, um ein breites Nilpferd zu finden (das nicht mit ihm verwandt war), und das verhaute er sehr hart, um sicher zu sein, dass die zweifarbige Felspython-Schlange die Wahrheit über seinen neuen Rüssel gesagt hatte. Ansonsten hob er die Melonenschalen auf, die er auf seinem Weg zum Limpopo hatte fallen lassen – er war nämlich ein sehr ordentlicher Dickhäuter.

Eines dunklen Abends kam er zu all seinen lieben Verwandten zurück, und er rollte seinen Rüssel ein und sagte: »Wie geht's euch denn?« Sie freuten sich sehr, ihn zu sehen, und sagten sofort: »Komm her und lass dich verhauen wegen deiner nimmersatten Neugier.«

»Puu«, sagte das Elefantenkind. »Ich glaub nicht, dass ihr auch nur die geringste Ahnung vom Verhauen habt; aber ich; und ich werd's euch zeigen.« Dann entrollte er den Rüssel und haute zwei seiner lieben Brüder so, dass sie Hals über Kopf umfielen.

»O Bananen!«, sagten sie. »Wo hast du denn den Trick gelernt, und was hast du mit deiner Nase angestellt?«

»Ich hab eine neue gekriegt, vom Krokodil am Ufer des großen graugrünen grützigen Limpopo-Flusses«, sagte das Elefantenkind. »Ich hab es gefragt, was es zu Mittag isst, und da hat es mir die neue Nase geschenkt.«

»Sieht sehr hässlich aus«, sagte sein haariger Onkel Pavian.

»Das stimmt«, sagte der kleine Elefant. »Ist aber sehr nützlich«, und er packte seinen haarigen Onkel Pavian an einem haarigen Bein und schmiss ihn in ein Hornissennest.

Dann verhaute dieser schlimme kleine Elefant all seine lieben Verwandten ganz lange, bis sie sehr angewärmt und äußerst verblüfft waren. Er zog seinem großen Onkel Strauß die Schwanzfedern aus; und er schnappte sich seine lange Tante Giraffe am Hinterbein und zerrte sie durch einen Dornbusch; und er brüllte seine breite Tante Nilpferd an und blies ihr Blasen ins Ohr, wenn sie nach dem Essen im Wasser schlummerte; aber nie ließ er jemanden den Kolokolo-Vogel anfassen.

Schließlich wurde alles so aufregend, dass seine lieben Verwandten einer nach dem anderen ganz eilig wegliefen, zum Ufer des großen graugrünen grützigen Limpopo-Flusses, wo überall Fieberbäume stehen, um sich vom Krokodil neue Nasen zu borgen. Als sie zurückkamen, verhaute keiner mehr einen anderen; seit diesem Tag, o Bestgeliebtes, haben alle Elefanten, die du jemals sehen wirst – nicht zu reden von denen, die du nicht sehen wirst –, Rüssel genau wie der Rüssel des nimmersatten Elefantenkinds.

Sechs brave Dienstleut halt ich mir,
und was ich weiß und kann,
verdank ich ihnen. Sie heißen Wer,
Warum, Was, Wo, Wie, Wann.
Ich schick sie über Land und Meer,
nach Ost und West dazu,
doch wenn sie fertig sind, gewähr
ich ihnen ihre Ruh.

Ich lass sie ruhn von neun bis fünf,
weil *ich* dann etwas tu,
und da sie essen wollen, lass
ich sie bei Tisch in Ruh.
Doch sehen andre das nicht so –
ich kenne da ein Kind
mit zehn Millionen Dienern, die
nie ohne Arbeit sind.
Es hetzt sie mit Aufträgen pausenlos
von früh bis spät herum:
eine Million Wies, zwei Millionen Wos
und sieben Millionen »Warum«!

Der Singsang vom ollen Känguru

icht immer war das Känguru so, wie wir es heute sehen, sondern ein ganz anderes Tier mit vier kurzen Beinen. Es war grau, und es war wollig, und sein Stolz war ganz maßlos: Es tanzte auf nem Felsen mitten in Australien, und es ging zum kleinen Gott Nqa.

Es ging zu Nqa um sechs, vor dem Frühstück, und es sagte: »Mach mich anders als alle anderen Tiere, bis Punkt fünf heute Nachmittag.«

Nqa sprang auf von seinem Sitz im Flachsand und brüllte: »Hau ab!«

Es war grau, und es war wollig, und sein Stolz war ganz maßlos; es tanzte auf nem Felsrand mitten in Australien, und es ging zum mittelgroßen Gott Nqing. Es ging zu Nqing um acht, nach dem Frühstück, und es sagte: »Mach mich anders als alle anderen Tiere; mach mich außerdem furchtbar beliebt, bis Punkt fünf Uhr heute Nachmittag.«

Nqing sprang auf aus seiner Höhle im Spinifex, und er brüllte: »Hau ab!«

Es war grau, und es war wollig, und sein Stolz war ganz maßlos; es tanzte auf ner Sandbank mitten in Australien, und es ging zum großen Gott Nqong.

Es ging zu Nqong um zehn, vor dem Essen, und es sagte: »Mach mich anders als alle anderen Tiere; mach mich beliebt, dass mir alles nachläuft, und zwar bis Punkt fünf heute Nachmittag.«

Nqong sprang auf aus seinem Bad in der Salzpfanne, und er brüllte: »Ja, das mach ich!«

Nqong rief Dingo – Gelber-Hund Dingo –, immer hungrig, staubig in der Sonne, und er zeigte ihm Känguru. Nqong sagte: »Dingo! Wach auf, Dingo! Siehst du diesen Herrn in der Aschegrube tanzen? Er will so beliebt sein, dass man ihm nachläuft. Dingo, sorg dafür!«

Auf sprang Dingo – Gelber-Hund Dingo –, und er sagte: »Was, *das* Katzenkarnickel?«

Los lief Dingo – Gelber-Hund Dingo –, immer hungrig, grinst wie ne Kohlenschütte – lief hinter Känguru her.

Los lief das stolze Känguru auf den vier kleinen Beinen, wie ein Häschen. Hier, o mein Geliebtes, endet der erste Teil der Geschichte!

Es lief durch die Wüste; es lief durch die Berge; lief durch die Salzpfannen; lief durch die Schilfbetten; lief durch die blauen Gummibäume; lief durch das Spinifex; es lief, bis die Vorderbeine schmerzten.

Das ist das Bild vom ollen dollen Känguru, als es das ganz andere Tier war, mit vier kurzen Beinen. Ich habe es grau und wollig gemalt, und du kannst sehen, dass es sehr eitel ist, denn es hat einen Blumenkranz im Haar. Es tanzt auf einem Ausbiss (das ist ein vorspringender Fels) mitten in Australien herum, um sechs Uhr, vor dem Frühstück. Du kannst sehen, dass es sechs Uhr ist, weil die Sonne gerade aufgeht. Das Ding mit Ohren und offenem Mund ist der kleine Gott Nqa. Nqa ist sehr überrascht, weil er noch nie ein Känguru so tanzen gesehen hat. Der kleine Gott Nqa sagt gerade: »Hau ab«, aber das Känguru ist so mit Tanzen beschäftigt, dass es ihn noch nicht gehört hat.

Das Känguru hat keinen richtigen Namen außer Hüpfer. Den Namen hat es verloren, weil es so eitel war.

Es musste!

Noch immer lief Dingo – Gelber-Hund Dingo –, immer hungrig, grinst wie ne Mausefalle, kommt niemals näher, niemals weiter – lief dem Känguru nach.

Er musste!

Noch immer lief Känguru – olles dolles Känguru. Es lief durch die Ti-Bäume; lief durch den Mulga; lief durch das Langgras; lief durch das Kurzgras; lief durch die Wendekreise von Krebs und Steinbock; es lief, bis die Hinterbeine schmerzten.

Es musste!

Noch immer lief Dingo – Gelber-Hund Dingo –, hungriger und hungriger, grinst wie ein Pferdekragen, kommt niemals näher, niemals weiter; und sie kamen zum Wollonggong-Fluss.

Da gab's keine Brücke; und es gab keine Fähre; Känguru wusste nicht, wie es rüberkommen sollte; deshalb stellte es sich auf die Beine und hüpfte.

Es musste!

Es hüpfte durch die Bracken; es hüpfte durch die Schlacken; es hüpfte durch die Wüsten mitten in Australien. Es hüpfte wie ein Känguru.

Erst hüpft es einen Meter; dann hüpft es drei Meter; dann hüpft es fünf Meter; seine Beine wurden strenger; seine Beine wurden länger. Es hatte keine Zeit für Ruhe und Erfrischung, dabei brauchte es die dringend.

Noch immer lief Dingo – Gelber-Hund Dingo –, äußerst verwundert, äußerst verhungert, und fragte sich, was in aller Welt oder woanders das olle dolle Känguru zum Hüpfen brachte.

Denn es hüpfte wie ne Grille; wie ne Erbse in der Pfanne; oder wie ein neuer Gummiball im Kinderzimmer.

Es musste!

Es krempelte die Vorderbeine hoch; es hüpfte auf den Hinterbeinen; es reckte den Schwanz zum Ausgleich nach hinten; und es hüpfte durch die Darling-Hügel.

Es musste!

Noch immer lief Dingo – Müder-Hund Dingo –, noch verhungerter, äußerst verwundert, und fragte sich, wo in aller Welt oder woanders das olle Känguru wohl anhalten würde.

Dann kam Nqong aus dem Bad in den Salzpfannen, und er sagte: »Es ist fünf Uhr.«

Da setzt sich Dingo – Armer-Hund Dingo –, immer hungrig, staubig in die Sonne; lässt die Zunge hängen und jault.

Da setzt sich Känguru – olles dolles Känguru –, reckt den Schwanz wie nen Melkschemel nach hinten, und es sagt: »Wie gut, dass das jetzt vorbei ist!«

Dann sagte Nqong, wie immer ganz vornehm: »Warum bist du Gelber-Hund Dingo nicht dankbar?

Das ist das Bild vom ollen dollen Känguru um fünf Uhr nachmittags, als es seine wunderbaren Hinterbeine gekriegt hat, ganz wie vom großen Gott Nqong versprochen. Du kannst sehen, dass es fünf Uhr ist, weil die zahme Lieblingsuhr vom großen Gott Nqong das anzeigt. Das ist Nqong in seinem Bad; er streckt die Füße raus. Das olle dolle Känguru ist gerade gemein zu Gelber-Hund Dingo. Gelber-Hund Dingo hat Känguru zu fangen versucht, quer durch ganz Australien. Du kannst die Spuren von Kängurus großen neuen Füßen bis ganz weit hinten auf den kahlen Hügeln sehen. Gelber-Hund Dingo ist schwarz gezeichnet, weil ich diese Bilder nicht mit richtigen Farben aus dem Farbkasten ausmalen darf; und außerdem ist Gelber-Hund Dingo furchtbar schwarz und staubig geworden, als er durch die Schlacken und die Bracken gerannt ist.

Ich weiß nicht, wie die Blumen heißen, die um Nqongs Bad wachsen. Die zwei kleinen stupsigen Dinger draußen in der Wüste sind die beiden anderen Götter, mit denen das olle dolle Känguru morgens früh geredet hat. Das Ding mit Buchstaben drauf ist der Beutel vom ollen dollen Känguru. Einen Beutel musste es haben, genau wie es Beine haben musste.

PATENT

Warum dankst du ihm nicht für alles, was er für dich getan hat?«

Da sagte Känguru – müdes olles Känguru: »Er hat mich verjagt aus der Heimat meiner Kindheit; gejagt hat er mich, dass ich nicht essen konnte; meine Gestalt verändert, die krieg ich nie wieder; und er hat meine Beine zu Mauken gemacht.«

Da sagte Nqong: »Vielleicht lieg ich falsch, aber wolltest du nicht, dass ich dich anders mach als alle andern Tiere, und auch, dass man dir wirklich nachläuft; und jetzt ist es fünf Uhr.«

»Ja«, sagte Känguru, »hätt ich's bloß gelassen! Ich dachte, du machst das mit Zaubern und Sprüchen, aber das ist ein schlimmer Streich.«

»Streich!«, sagte Nqong aus seinem Bad zwischen blauen Gummibäumen. »Sag das noch mal, dann pfeif ich nach Dingo, bis deine Hinterbeine abgewetzt sind.«

»Nein«, sagte das Känguru. »Ich muss mich entschuldigen. Beine sind Beine, und du brauchst sie nicht zu ändern, was mich angeht. Ich wollte Euer Herrlichkeit nur erklären, dass ich seit heute früh nichts mehr gegessen habe und wirklich sehr leer bin.«

»Ja«, sagte Dingo – Gelber-Hund Dingo, »mir geht's genauso. Ich hab ihn anders gemacht als alle andern Tiere; aber was krieg ich zum Abendbrot?«

Da sagte Nqong aus seinem Bad in der Salzpfanne: »Kommt morgen wieder und fragt mich dann; jetzt will ich mich nämlich waschen.«

Da hockten sie nun, mitten in Australien, das olle dolle Känguru und Gelber-Hund Dingo, und jeder sagte zum anderen: »Du bist schuld.«

Das ist der Vollmundsong
vom Rennen zum Känguruhme,
einzig und allerschwerst – keiner lief jemals weiter –
gestartet vom großen Gott Nqong
in Warrigaborrigarooma,
Känguru kam zuerst: Gelber-Hund Dingo als Zweiter.

Känguru saust wie gesengt,
die Beine wie Öfen im Winter –
früh oder spät immer schnell,
sieben Meter pro Satz.
Gelber-Hund Dingo hängt
wie ne gelbe Wolke dahinter –
keine Zeit für Gebell.
Junge, war das eine Hatz!

Wohin es ging, ist nicht klar,
da gab's weder Wege noch Maße,
denn der Kontinent war
damals noch ganz unbenannt.
Dreißig Grad kreuz und quer
von Kap Leeuwin bis zur Torres-Straße,
(hol mal den Atlas her)
und zurück sind die beiden gerannt.

Stell dir mal vor, du willst schleichen
von Adelaide zum Pazifik,
eben mal so nebenher –
das Doppelte schafften die schon –,
danach hättst du Beine wie Eichen,
wenn auch vom Schweiß etwas triefig –
dann wärst du ein Wundergör,
mein ungestümer Herr Sohn!

Der Anfang der Gürteltiere

Tatsächlich ist dies, o Bestgeliebtes, eine weitere Geschichte aus den hohen und fernen Zeiten. Genau in der Mitte dieser Zeiten gab es einen Stichelpiekse-Igel, und der lebte am Ufer des trüben Amazonas und aß schalige Schnecken und so was. Und er hatte eine Freundin, die Schildkröte Langsamhart, die lebte am Ufer des trüben Amazonas und aß grünen Salat und so was. Und deshalb war das in Ordnung, Bestgeliebtes. Verstehst du?

Aber zur gleichen Zeit, in diesen hohen und fernen Zeiten, gab es da auch einen Bunten Jaguar, und der lebte auch am Ufer des trüben Amazonas; und der aß alles, was er kriegen konnte. Wenn er keine Hirsche oder Affen kriegen konnte, dann aß er Frösche und Käfer; und wenn er keine Frösche oder Käfer kriegen konnte, ging er zu seiner Mutter Jaguar, und die erzählte ihm, wie man Igel und Schildkröten isst.

Sie sagte ihm viele Male, wobei sie anmutig mit dem Schwanz wedelte: »Mein Sohn, wenn du einen

Igel findest, musst du ihn ins Wasser werfen, dann entrollt er sich, und wenn du eine Schildkröte fängst, musst du sie mit der Pfote aus der Schale löffeln.« Und so war das in Ordnung, Bestgeliebtes.

Eines wunderschönen Abends am Ufer des trüben Amazonas fand Bunter Jaguar Igel Stichelpieks und Schildkröte Langsamhart unter dem Stamm eines umgestürzten Baumes sitzen. Weglaufen konnten sie nicht, deshalb rollte Stichelpieks sich zu einer Kugel zusammen, weil er ja ein Igel war, und Langsamhart zog Kopf und Füße so weit wie nur möglich in den Panzer, weil sie ja eine Schildkröte war, und deshalb war das in Ordnung, Bestgeliebtes. Klar?

»Passt mal auf«, sagte Bunter Jaguar, »das ist nämlich sehr wichtig. Meine Mutter hat gesagt, wenn ich einen Igel treffe, soll ich ihn ins Wasser werfen, dann entrollt er sich, und wenn ich eine Schildkröte treffe, soll ich sie mit der Pfote aus ihrer Schale löffeln. Also, wer von euch ist jetzt Igel und wer Schildkröte? Bei meinen Flecken, ich weiß es nämlich nicht.«

»Bist du ganz sicher, dass deine Mami das so gesagt hat?«, sagte Igel Stichelpieks. »Bist du da ganz sicher? Vielleicht hat sie ja gesagt, wenn du eine Schildkröte entrollst, musst du sie mit einem Löffel aus dem Wasser schälen, und wenn du einen Igel in die Pfote kriegst, sollst du ihn in die Schale fallen lassen.«

»Bist du sicher, dass deine Mami das so gesagt

hat?«, sagte Schildkröte Langsamhart. »Bist du da ganz sicher? Vielleicht hat sie gesagt, wenn du einen Igel wässerst, sollst du ihn dir in die Pfote werfen, und wenn du eine Schildkröte triffst, sollst du sie schälen, bis sie sich entrollt.«

»Ich glaube, so ging das aber überhaupt nicht«, sagte Bunter Jaguar; er wunderte sich ein bisschen. »Aber sagt das noch mal, etwas genauer.«

»Wenn du mit deiner Pfote Wasser löffelst, sollst du es mit einem Igel entrollen«, sagte Stichelpieks. »Denk daran, das ist nämlich wichtig.«

»Aber«, sagte die Schildkröte, »wenn du mit der Pfote Fleisch haust, musst du es mit einem Löffel in eine Schildkröte werfen. Wieso verstehst du das denn nicht?«

»Da tun mir ja glatt die Flecken weh«, sagte Bunter Jaguar; »und außerdem wollte ich überhaupt keine Ratschläge von euch. Ich wollte bloß wissen, wer von euch Igel ist und wer Schildkröte.«

»Sag ich dir nicht«, sagte Stichelpieks, »aber löffel mich ruhig aus der Schale, wenn du magst.«

»Aha«, sagte Bunter Jaguar. »Jetzt weiß ich, du bist Schildkröte. Du hast wohl gedacht, das krieg ich nicht raus, was! Ich werd's dir zeigen!« Bunter Jaguar ließ seine Patschepfote vorschnellen, gerade als Stichelpieks sich zusammenkugelte, und natürlich war Jaguars Patschepfote sofort voller Stacheln. Noch schlimmer – er stupste Stichelpieks weit weg in den Wald und die Büsche, wo es zu dunkel war, um ihn zu finden. Dann steckte er seine Patschepfote in den Mund, und natürlich taten ihm die Stacheln jetzt noch mehr weh. Sobald er wieder sprechen konnte, sagte er: »Jetzt weiß ich, es war gar nicht Schildkröte. Aber« – und er kratzte sich den Kopf mit der unwehen Pfote – »woher weiß ich denn, dass das andere Schildkröte ist?«

»Aber ich bin doch Schildkröte«, sagte Langsamhart. »Deine Mutter hatte ganz recht. Sie hat gesagt, du sollst mich mit der Pfote aus meiner Schale löffeln. Fang an.«

»Eben hast du aber noch nicht gesagt, sie hätte das gesagt«, sagte Bunter Jaguar; er lutschte die Stacheln aus seiner Patschepfote. »Du hast gesagt, sie hätte was ganz anderes gesagt.«

»Na ja, nimm mal an, du sagst, ich hätte gesagt, sie hätte ganz was anderes gesagt; ich find aber nicht, dass das was ausmacht; wenn sie nämlich gesagt hat, was du sagst, was ich gesagt hätte, dass sie es gesagt hätte, ist das doch genauso, als ob ich sagen würde, dass sie gesagt hätte, was sie gesagt hat. Andererseits – wenn du meinst, sie hätte gesagt, du sollst mich mit einem Löffel entrollen, statt mich mit einer Schale in Pfoten zu schmeißen, dann kann ich doch nichts dafür, oder?«

Das ist eine aufregende Landkarte vom trüben Amazonas, in Schwarz und Rot. Mit der Geschichte hat sie nichts zu tun, außer dass zwei Gürteltiere drauf sind – ziemlich weit oben. Der aufregende Teil sind die Abenteuer, die den Männern passierten, die über die mit Rot gemalte Straße gereist sind. Eigentlich wollte ich Gürteltiere malen, als ich mit der Karte angefangen habe, und dazu Seekühe und Spinnenschwanzaffen und Riesenschlangen und jede Menge Jaguare, aber es war viel aufregender, die Karte zu malen und mit Rot die abenteuerlichen Abenteuer. Du musst unten links anfangen und immer den kleinen Pfeilen folgen, und dann kommst du wieder dahin zurück, wo die abenteuerlustigen Leute heimgefahren sind mit ihrem Schiff, das Königstiger hieß. Das ist ein sehr abenteuerlustiges Bild, und alle Abenteuer sind da aufgeschrieben, damit du ganz klar sehen kannst, was ein Abenteuer ist und was ein Baum oder ein Boot.

all heere is starke unknowne: our Indians renigine guidance for yt they wer afearde of Divvels and wee sicklie and few did perfors turne backe to ye Coastle agen after all these peynes wel perswadid yt here is no coming all ye Indies at least by lande
Sir Matt Vowze having put on hys backe & front pieces after cleansinge of 'em brights was here worshipt as a Pagod by divers sillie Indians
Here we turned Southe having got oure bellyfull on ye assalt on ye Citie
greate Citie whence wee wer beat
Here is more forest
S Balts hys grave
Here liveth Armourdilla or Hog-in-harness
A Pagod wh wee founde upon a hill
Jno Harper - a mutineer
Fort Towne and Palisadoe of ye Chief Imoxotlanchuatl
Fields and gardens of ye Indians
Here are horned Birdes and have also crownes
Nat Thomms his grave (of a calenture)
Here is Jaguar like to a Great Catt
Heere is all rough reede - a man highe
Here is founde PEKKARY - a kind of pigg
Here did wee all take ye Othe to Sir Matw Vowse
Here was oure 1st Camp after yt
Here are hid the Idols of Imoxatlan
Heere do they mine Gold
Here is all ye forest with Monkies
IMOXATLAN
Here we burned ye pinnace
Here was buried N. Dyer a prophane man but a stoute sailor (of an arrow)
Here is onlie Mud and Crabbs
Much Fever in ye airs heere
Tsluci a meer villoge
Ye MANIE MOUTHES OF Ye AMAZONS RIVER

»Aber du hast doch gesagt, du willst mit meiner Pfote aus deiner Schale gelöffelt werden«, sagte Bunter Jaguar.

»Wenn du noch mal überlegst, wirst du merken, dass ich nichts Derartiges gesagt habe. Ich hab gesagt, deine Mutter hätte gesagt, du sollst mich aus meiner Schale löffeln«, sagte Langsamhart.

»Was passiert, wenn ich das tue?«, sagte der Jaguar ganz schnüffelig und ganz vorsichtig.

»Weiß ich nicht, weil ich noch nie aus der Schale gelöffelt worden bin; aber ich sag dir eines – wenn du mich wegschwimmen sehen willst, dann brauchst du mich bloß ins Wasser zu werfen.«

»Das glaub ich nicht«, sagte Bunter Jaguar. »Du hast alles durcheinandergebracht, was meine Mutter mir gesagt hat, was ich mit den Dingen tun soll, wovon du mich gefragt hast, ob ich sicher bin, dass sie das nicht gesagt hat, und jetzt weiß ich nicht mehr, ob ich auf dem Kopf stehe oder auf meinem bunten Schwanz; und jetzt kommst du an und sagst mir etwas, was ich nicht verstehen kann, und das macht mich noch durcheinander er als vorher. Meine Mutter hat mir gesagt, ich soll einen von euch beiden ins Wasser werfen, und weil du so tust, als ob du dringend geworfen werden willst, glaub ich, dass du gar nicht geworfen werden willst. Also rein mit dir in den trüben Amazonas, und zwar schnell.«

»Ich sag dir, deiner Mami wird das nicht gefallen. Sag ihr nicht, ich hätt es dir nicht gesagt«, sagte Langsamhart.

»Wenn du noch ein Wort über das sagst, was meine Mutter gesagt hat …«, antwortete der Jaguar, aber er hatte den Satz noch nicht beendet, da war Langsamhart schon ganz ruhig in den trüben Amazonas getaucht, schwamm sehr lange unter Wasser und kam heraus auf der Sandbank, wo Stichelpieks wartete.

»Das war ganz schön knapp«, sagte Stichelpieks. »Ich mag Bunter Jaguar nicht. Was hast du ihm gesagt, was du bist?«

»Ich hab ihm wahrheitsgemäß gesagt, dass ich eine wahrheitsgemäße Schildkröte bin, aber das wollte er nicht glauben, und dann wollte er, dass ich ins Wasser springe, damit er sieht, was ich denn bin, und ich bin, und er ist ganz überrascht. Jetzt ist er los, um es seiner Mami zu erzählen. Hör ihn dir an!«

Sie konnten Bunter Jaguar zwischen den Bäumen und Büschen am trüben Amazonas herum- und umherbrüllen hören, bis seine Mami kam.

»Söhnchen, Söhnchen!«, sagte die Mutter viele Male, und dabei wedelte sie anmutig mit dem Schwanz. »Was hast du getan, was du nicht hättest tun sollen?«

»Ich hab versucht, etwas zu löffeln, was gesagt hat, es will mit meiner Pfote aus seiner Schale gelöffelt werden, und meine Pfote ist voll von Scha-tacheln«, sagte Bunter Jaguar.

»Söhnchen, Söhnchen!«, sagte die Mutter viele Male, und dabei wedelte sie anmutig mit dem Schwanz. »An den Stacheln in deiner Patschepfote sehe ich, das muss ein Igel gewesen sein. Den hättest du ins Wasser werfen sollen.«

»Das hab ich mit dem anderen Ding getan, und das hat gesagt, es wäre eine Schildkröte, und das hab ich nicht geglaubt, und es hat gestimmt, und sie ist in den trüben Amazonas getaucht und will nicht mehr hochkommen, und ich hab überhaupt nichts zu essen, und ich glaub, wir sollten uns lieber nach ner neuen Bleibe umsehen. Am trüben Amazonas sind alle zu schlau für mich armes Kerlchen!«

»Söhnchen, Söhnchen!«, sagte die Mutter viele Male; dabei wedelte sie anmutig mit dem Schwanz. »Jetzt pass auf und merk dir, was ich sage. Ein Igel rollt sich zu einer Kugel zusammen, und seine Stacheln stacheln dann nach allen Seiten. Daran kannst du den Igel erkennen.«

»Diese alte Dame kann ich überhaupt nicht leiden«, sagte Stichelpieks im Schatten eines großen Blatts. »Ich frag mich, was die noch alles weiß?«

»Eine Schildkröte kann sich nicht zusammenrollen«, fuhr Mutter Jaguar fort; dabei wedelte sie viele Male anmutig mit dem Schwanz. »Sie zieht bloß Kopf und Beine in die Schale zurück. Daran kannst du die Schildkröte erkennen.«

»Die alte Dame kann ich überhaupt nicht leiden, überhaupt nicht«, sagte Schildkröte Langsamhart. »Die Anweisungen vergisst nicht mal Bunter Jaguar. Ein Jammer, dass du nicht schwimmen kannst, Stichelpieks.«

»Erzähl mir nix«, sagte Stichelpieks. »Stell dir bloß vor, wie viel besser es wäre, wenn du dich zusammenrollen könntest. Das ist ja ein Schlamassel! Hör dir Bunter Jaguar an!«

Bunter Jaguar saß am Ufer des trüben Amazonas, lutschte Stacheln aus seiner Pfote und sagte das hier auf:

»Rollt sich nicht ein und schwimmt –
ist die Schildkröte; stimmt!
Was sich einrollt, nicht schwimmt
muss der Igel sein; stimmt!«

»Das vergisst der im Leben nicht«, sagte Stichelpieks. »Halt mein Kinn über Wasser, Langsamhart. Ich versuch, schwimmen zu lernen. Das könnte nützlich sein.«

»Ausgezeichnet!«, sagte Langsamhart; und sie hielt das Kinn von Stichelpieks, während Stichelpieks im trüben Wasser des Amazonas herumstrampelte.

»Aus dir wird noch ein prima Schwimmer«, sagte Langsamhart. »Also, wenn du jetzt meine Rückenplatten ein bisschen aufschnüren kannst, will ich mal sehen, wie das mit Zusammenrollen aussieht. Könnte nützlich sein.«

Stichelpieks half, die Rückenplatten von Schildkröte zu lockern, sodass Langsamhart es mit viel Drehen und Wenden tatsächlich schaffte, sich ein klitzeklein bisschen zusammenzurollen.

»Ausgezeichnet!«, sagte Stichelpieks. »Aber mehr würde ich jetzt mal nicht versuchen. Du bist ja schon schwarz im Gesicht. Sei so lieb und bring mich noch mal ins Wasser, dann probier ich dieses Kraulen, das soll ja so einfach sein.« Und so übte Stichelpieks, und Langsamhart schwamm nebenher.

»Ausgezeichnet!«, sagte Langsamhart. »Mit etwas mehr Übung wird noch ein richtiger Walfisch aus dir. Also, wenn ich dich bitten darf, meine Rücken- und Vorderplatten noch zwei Löcher weiter zu machen, will ich diese faszinierende Krümmung versuchen, die ja so einfach sein soll. Bunter Jaguar wird sich ja wundern!«

»Ausgezeichnet!«, sagte Stichelpieks, ganz nass vom trüben Amazonas. »Also wirklich, ich könnte dich kaum von einem meiner Verwandten unterscheiden. Zwei Löcher hast du gesagt, glaub ich? Ein bisschen mehr Ausdruck, bitte, und nicht so laut japsen, sonst hört Bunter Jaguar uns noch. Wenn du fertig bist, möchte ich mal das Langstreckentauchen probieren, wenn das so einfach ist, wie du sagst. Bunter Jaguar wird sich ja wundern!«

Also tauchte Stichelpieks, und Langsamhart tauchte neben ihm her.

»Ausgezeichnet!«, sagte Langsamhart. »Ein bisschen besser aufpassen beim Luftanhalten, dann kannst du dich auf dem Grund des trüben Amazonas häuslich einrichten. Jetzt will ich mal probieren, die Hinterbeine um die Ohren zu wickeln, wenn das so ungeheuer bequem ist, wie du sagst. Bunter Jaguar wird sich ja wundern!«

»Ausgezeichnet!«, sagte Stichelpieks. »Aber das beansprucht deine Rückenplatten ein bisschen. Die überlappen sich jetzt alle, statt nebeneinanderzuliegen.«

»Ach, das kommt vom Üben«, sagte Langsamhart. »Mir ist aufgefallen, dass deine Stacheln miteinander zu verschmelzen scheinen und dass du langsam eher wie ein Tannenzapfen aussiehst und weniger wie eine Kastanienschale.«

»Wirklich?«, sagte Stichelpieks. »Das kommt von diesem Planschen im Wasser. Oh, Bunter Jaguar wird sich ja wundern!«

Sie machten weiter mit dem Üben, einer half dem anderen, bis der Morgen kam; und als die Sonne hoch oben stand, ruhten sie sich aus und trockneten sich ab. Dann sahen sie, dass sie beide ganz anders aussahen als vorher.

»Stichelpieks«, sagte Schildkröte nach dem Frühstück, »ich bin nicht mehr das, was ich gestern war; aber ich glaube, ich wüsste noch was Feines für Bunter Jaguar.«

»Genau das hab ich mir auch gerade überlegt«, sagte Stichelpieks. »Ich finde, Schuppen sind viel besser als Stacheln – vom Schwimmen ganz zu schweigen! Ah, wird Bunter Jaguar sich aber wundern! Komm, wir gehen ihn suchen.«

Nach einiger Zeit fanden sie Bunter Jaguar, der noch immer seine am Vorabend verletzte Patschepfote pflegte. Er war so verblüfft, dass er sich, ohne anzuhalten, dreimal rückwärts überschlug, über seinen bunten Schwanz hinweg.

»Guten Morgen!«, sagte Stichelpieks. »Und wie geht es deiner lieben anmutigen Mami heute früh?«

»Ganz gut, danke sehr«, sagte Bunter Jaguar; »aber du musst entschuldigen, ich kann mich im Moment nicht an deinen Namen erinnern.«

»Das ist aber nicht sehr nett von dir«, sagte Stichelpieks, »wo du mich doch erst gestern um diese Zeit mit der Pfote aus meiner Schale löffeln wolltest.«

»Aber du hattest doch gar keine Schale. Bloß lauter Stacheln«, sagte Bunter Jaguar. »Weiß ich doch. Kuck dir bloß mal meine Pfote an!«

»Mir hast du gesagt, ich soll in den trüben Amazonas springen und ertrinken«, sagte Langsamhart. »Wieso bist du heute so gemein und vergesslich?«

»Weißt du denn nicht mehr, was deine Mutter dir gesagt hat?«, sagte Stichelpieks.

»Rollt sich nicht ein und schwimmt,
muss der Igel sein – stimmt!
Was sich einrollt, nicht schwimmt,
ist die Schildkröte – stimmt!«

Dann rollten sie sich beide gemeinsam ein und kugelten immer wieder um Bunter Jaguar herum, bis ihm die Augen im Kopf zu Wagenrädern wurden.

Dann ging er seine Mutter holen.

»Mutter«, sagte er, »im Wald sind heute zwei neue Tiere, und das eine, von dem du sagst, es kann nicht schwimmen, das schwimmt; und das andere, von dem du sagst, es kann sich nicht einrollen, das rollt sich ein; und die haben sich irgendwie die Stacheln geteilt, glaub ich, weil beide überall schuppig sind statt eins glatt und das andere stachelig; und außerdem rollen sie immer um mich herum, und mir ist gar nicht wohl.«

»Söhnchen, Söhnchen!«, sagte Mutter Jaguar viele Male; dabei wedelte sie anmutig mit dem Schwanz. »Ein Igel ist ein Igel und kann nichts anderes sein

Das ist ein Bild von der ganzen Geschichte vom Jaguar und dem Igel und der Schildkröte und dem Gürteltier, alle wild durcheinander. Egal wie du es drehst, es sieht von überall ziemlich gleich aus. Die Schildkröte ist in der Mitte und übt gerade das Einrollen, deshalb sind die Schildplatten auf ihrem Rücken so auseinandergespreizt. Sie steht auf dem Igel, der gleich schwimmen lernen will. Der Igel ist ein japanesischer Igel; ich konnte nämlich unsere Igel im Garten nicht finden, als ich sie malen wollte. (Das war am Tag, und da waren sie unter den Dahlien schlafen gegangen.) Bunter Jaguar blickt über die Kante; seine Mutter hat ihm die Patschepfote gut verbunden, weil er sich gestochen hat, als er den Igel löffeln wollte. Was die Schildkröte gerade macht, verblüfft ihn sehr, und die Pfote tut ihm weh. Das schnauzige Ding mit dem kleinen Auge, über das Bunter Jaguar eben klettern will, ist das Gürteltier, in das Schildkröte und Igel sich verwandeln werden, wenn sie mit Biegen und Schwimmen fertig sind. Das ist ein ganz zauberliches Bild, und das ist einer der Gründe, weshalb ich den Jaguar ohne Schnurrbart gemalt habe. Der andere Grund ist, dass er noch so jung war und noch keinen Schnurrbart hatte. Der Kosename, bei dem Mami Jaguar ihn rief, war Doffels.

als ein Igel; und eine Schildkröte ist eine Schildkröte und kann nie etwas anderes sein.«

»Aber das ist kein Igel und auch keine Schildkröte. Es ist ein bisschen was von beidem, und ich weiß nicht, wie es eigentlich heißt.«

»Unsinn!«, sagte Mutter Jaguar. »Alles heißt irgendwie. Ich würde es einfach ›Gürteltier‹ nennen, bis ich den richtigen Namen herauskriege. Und ich würde es in Ruhe lassen.«

Deshalb tat Bunter Jaguar, was die Mutter ihm gesagt hatte, vor allem das In-Ruhe-Lassen; aber merkwürdig ist doch, o Bestgeliebtes, dass seit damals bis heute keiner am Ufer des trüben Amazonas je Stichelpieks und Langsamhart anders genannt hat als Gürteltier. Natürlich gibt es woanders Igel und Schildkröten – ein paar sogar in meinem Garten; aber die echte alte schlaue Sorte, bei der die Schuppen so lippig-lappig übereinanderliegen wie bei einem Tannenzapfen, die alte Sorte, die in den hohen und fernen Zeiten am Ufer des trüben Amazonas lebte, die nennt man immer Gürteltier, wegen ihrer Schlauheit.

Deshalb ist das ganz in Ordnung, Bestgeliebtes. Verstehst du?

Den Amazonas säh ich gern,
    Brasilien auch – bloß: wie?
Die *Don,* die *Magdalena*
    fahren dauernd hin, ich nie!

Ja, jede Woche fahren
da große Dampfer hin,
sie dampfen ab nach Rio
(dampf ab – dampf los nach Rio!),
und ich führe gern nach Rio,
bevor ich ganz alt bin!

Ich kenn die Jaguare nicht,
    auch nicht die Gürteltie-
re so tierisch vergürtelt;
    die seh ich wohl auch nie,

außer, ich fahr nach Rio
zu diesen Wundern hin –
dampf ab – dampf los nach Rio –
mit vollem Dampf nach Rio!
Ach, ich führ so gern nach Rio,
bevor ich ganz alt bin!

Wie der erste Brief geschrieben wurde

mein Bestgeliebtes – in einer ganz frühen Zeit gab es einen Steinzeitmenschen. Er war kein Jüte und kein Angel, nicht einmal Drawide, was er durchaus hätte sein können, Bestgeliebtes, aber das spielt keine Rolle. Er war ein Primitiver, und er lebte höhlisch in einer Höhle, und er trug sehr wenige Kleider, und er konnte nicht lesen und nicht schreiben und wollte das auch gar nicht, und außer wenn er Hunger hatte, war er ganz zufrieden. Er hieß Tegumai Bopsulai, und das bedeutet »Mann-der-nicht-eilig-Dinge-tut«; aber wir, o Bestgeliebtes, wollen ihn kurz Tegumai nennen. Und seine Frau hieß Teshumai Tewindrow, und das bedeutet »Dame-die-viele-Fragen-fragt«; aber wir, o Bestgeliebtes, wollen sie kurz Teshumai nennen. Und seine kleine Mädchentochter hieß Taffimai Metallumai, und das bedeutet »Kleine-Person-ohne-Benimm-die-verhauen-gehört«; aber ich will sie Taffy nennen. Und sie war Tegumai Bopsulais Bestgeliebtes und ihrer Mami Bestgeliebtes, und sie wurde nicht mal halb so viel verhauen, wie für sie gut gewesen wäre; und alle drei waren sehr glücklich. Sobald Taffy laufen konnte, ging sie mit ihrem Papi Tegumai überallhin, und manchmal kamen sie erst zurück zur Höhle, wenn sie Hunger hatten, und dann sagte Teshumai Tewindrow: »Wo habt ihr zwei denn gesteckt, dass ihr so furchtbar dreckig seid? Wirklich, mein Tegumai, du bist kein bisschen besser als meine Taffy.«

Nun merk auf und hör zu!

Eines Tages ging Tegumai Bopsulai durch den Bibersumpf hinab zum Wagai-Fluss, um Karpfen fürs Essen zu speeren, und Taffy ging mit. Tegumais Speer war aus Holz mit Haifischzähnen am Ende, und noch ehe er überhaupt einen Fisch erwischt hatte, brach er den Speer mittendurch, als er ihn zu hart auf den Boden des Flusses hinabstieß. Sie waren meilenweit weg von zu Hause (natürlich hatten sie etwas zu essen mitgenommen, in einer kleinen Tasche), und Tegumai hatte vergessen, Extra-Speere mitzubringen.

»Das ist aber eine feine Fischbescherung!«, sagte Tegumai. »Ich brauche einen halben Tag, um das zu flicken.«

»Zu Hause hast du doch den großen schwarzen Speer«, sagte Taffy. »Lass mich heimlaufen zur Höhle und Mami bitten, dass sie ihn mir gibt.«

»Das ist zu weit für deine dicken kleinen Beine«, sagte Tegumai. »Außerdem könntest du in den Bibersumpf fallen und ertrinken. Wir müssen versuchen, das Beste aus diesem Unglück zu machen.« Er setzte sich hin und holte eine kleine Ledertasche mit Flickzeug heraus, voll von Rentiersehnen und Lederstreifen und Klumpen aus Bienenwachs und Harz, und begann, den Speer zu flicken. Taffy setzte sich auch hin, die Zehen im Wasser und das Kinn in der Hand, und dachte ganz scharf nach. Dann sagte sie: »Hör mal, Papi, es ist doch ziemlich bescheuert, dass du und ich nicht schreiben können, oder? Sonst könnten wir nämlich eine Nachricht schicken, wegen dem neuen Speer.«

»Taffy«, sagte Tegumai, »wie oft hab ich dir gesagt, du sollst anständig reden? ›Bescheuert‹ ist kein schönes Wort – aber es wäre wirklich angenehm, jetzt, wo du es sagst, wenn wir nach Hause schreiben könnten.«

Genau in diesem Moment kam ein Fremdling den Fluss entlang, aber er gehörte zu einem fernen Stamm, den Tewaras, und verstand kein einziges Wort von Tegumais Sprache. Er stand am Ufer und lächelte Taffy an, weil er zu Hause selber eine kleine Mädchentochter hatte. Tegumai nahm einen Strang Hirschsehnen aus seiner Flickzeugtasche und begann, den Speer zu flicken.

»Komm her«, sagte Taffy. »Weißt du, wo meine Mami wohnt?« Und der Fremdling sagte: »Umm!« – er war ja, wie du weißt, ein Tewara.

»So was!«, sagte Taffy, und sie stampfte mit dem Fuß auf, denn sie sah einen Schwarm besonders großer Karpfen flussauf schwimmen, gerade als ihr Papi seinen Speer nicht benutzen konnte.

»Du sollst Erwachsene nicht stören«, sagte Tegumai; er war mit seinem Speer so beschäftigt, dass er sich nicht umdrehte.

»Tu ich doch gar nicht«, sagte Taffy; »ich will doch bloß, dass er tut, was ich will, das er tun soll, und er versteht das nicht.«

»Dann stör mich nicht«, sagte Tegumai, und er zog und zerrte weiter an den Hirschsehnen und hatte den Mund voller loser Enden. Der Fremdling – ein echter Tewara war das – setzte sich ins Gras, und Taffy zeigte ihm, was ihr Papi gerade machte. Der Fremdling dachte: ›Das ist ein ganz wundersames Kind. Sie stampft mit dem Fuß und schneidet Fratzen. Sie muss die Tochter von dem edlen Häuptling da sein, der so groß ist, dass er mich überhaupt nicht bemerkt.‹ Deshalb lächelte er noch höflicher als vorher.

»Also«, sagte Taffy, »ich will, dass du zu meiner Mami gehst, weil du längere Beine hast als ich und nicht in den Bibersumpf fallen wirst, und dann sollst du nach Papas zweitem Speer fragen – das ist der mit dem schwarzen Griff am Schaft –, der über unserem Kamin hängt.«

Der Fremdling (und das war ein Tewara) dachte: ›Das ist ein ganz, ganz wundersames Kind. Sie fuchtelt mit den Armen und schreit mich an, aber ich verstehe kein Wort von dem, was sie sagt. Bloß: Wenn ich nicht tue, was sie sagt, dann, fürchte ich, wird er sich ärgern, der hochmütige Häuptling Mann-der-Besuchern-den-Rücken-zuwendet.‹ Er stand auf und drehte ein großes flaches Stück Rinde von einer Birke ab und gab es Taffy. Das tat er, Bestgeliebtes, um zu zeigen, dass sein Herz so weiß war wie die Birkenrinde und dass er nichts Böses vorhatte; aber Taffy verstand das nicht.

»Oh!«, sagte sie. »Jetzt begreife ich! Du willst Mamis Adresse haben? Natürlich kann ich nicht schreiben, aber ich kann Bilder malen, wenn ich was Scharfes zum Kratzen habe. Leih mir doch bitte den Haifischzahn von deiner Halskette.«

Der Fremdling (und das war ein Tewara) sagte gar nichts, also streckte Taffy ihre kleine Hand aus und zupfte an der schönen Kette aus Perlen und Körnern und Haifischzahn um seinen Hals.

Der Fremdling (und das war ein Tewara) dachte: ›Das ist ein ganz, ganz, ganz wundersames Kind. Der Haifischzahn in meiner Halskette ist ein Zauberzahn, und mir ist immer gesagt worden, wer den ohne meine Erlaubnis anfasst, der bläht sich sofort auf und platzt. Aber dieses Kind bläht sich nicht auf und platzt nicht, und dieser bedeutende Häuptling – Mann-der-sich-nur-um-seine-Dinge-kümmert –, der mich überhaupt noch nicht bemerkt hat, scheint keine Angst zu haben, dass sie sich aufblähen oder platzen könnte. Ich sollte wohl besser noch höflicher sein.‹

Deshalb gab er Taffy den Haifischzahn, und sie legte sich platt auf den Bauch, mit den Beinen in der Luft, wie gewisse Leute es im Wohnzimmer machen, wenn sie malen wollen, und sie sagte: »Jetzt mal ich dir ein paar schöne Bilder! Du kannst mir über die Schulter kucken, aber du darfst nicht wackeln. Zuerst mal ich Papi beim Fischen. Sieht ihm nicht sehr ähnlich; aber Mami versteht das bestimmt, weil ich seinen Speer ganz kaputt gemalt hab. Also, jetzt mal ich den anderen Speer, den er haben soll, den mit dem schwarzen Griff. Sieht aus, als ob er in Papis Rücken steckt, aber das ist bloß, weil der Haifischzahn ausgerutscht ist, und das Stück Rinde hier ist nicht groß genug.

Das ist der Speer, den du holen sollst; deshalb mal ich jetzt ein Bild von mir selber, wie ich es dir erkläre. Meine Haare stehen nicht so rum, wie ich das gemalt hab, aber so ist das leichter zu malen. Jetzt mal ich dich. Ich finde, eigentlich bist du ganz schön, aber auf dem Bild kann ich dich nicht schön malen, deshalb darfst du nicht sauer sein. Bist du sauer?«

Der Fremdling (und das war ein Tewara) lächelte. Er dachte: ›Da muss bald irgendwo ein großer Kampf stattfinden, und dieses außergewöhnliche Kind, das meinen Zauberzahn anfasst und sich doch nicht aufbläht und nicht platzt, sagt mir, ich soll den ganzen Stamm dieses großen Häuptlings zu Hilfe holen. Er ist wirklich ein großer Häuptling, sonst hätte er mich längst bemerkt.‹

»Kuck mal«, sagte Taffy; sie malte ganz wild und ziemlich kratzig, »jetzt hab ich dich gemalt, und ich hab dir den Speer, den Papi braucht, in die Hand gemalt, bloß damit du dran denkst, ihn wirklich herzubringen. Jetzt zeig ich dir, wie du Mamis Adresse findest. Du gehst geradeaus, bis du zu zwei Bäumen kommst (das hier sind Bäume), und dann gehst du über einen Berg (das ist ein Berg), und dann kommst du in einen Bibersumpf mit ganz vielen Bibern. Ich hab nicht alle Biber gemalt, weil ich keine Biber malen kann, aber ich hab ihre Köpfe gemalt, und mehr siehst du von denen sowieso nicht, wenn du durch den Sumpf gehst. Pass bloß auf, dass du nicht reinfällst! Dann kommt unsere Höhle, gleich hinter dem Bibersumpf. In Wirklichkeit ist die nicht so groß wie die Berge, aber ich kann nicht gut klein malen. Da vor der Höhle, das ist meine Mami. Sie ist schön. Sie ist die schönste Mami, die es überhaupt je gegeben hat, aber sie ist bestimmt nicht sauer, wenn sie sieht, dass ich sie so einfach gemalt hab. Sie wird sich über mich freuen, weil ich malen kann. Also, falls du das vergisst, ich hab den Speer, den Papi braucht, vor unsere Höhle gemalt. In Wirklichkeit ist er drinnen, aber du brauchst meiner Mami bloß das Bild zu zeigen, dann gibt sie ihn dir. Ich mal sie, wie sie die Arme hochhebt, weil ich weiß, dass sie sich freuen wird, wenn sie dich sieht. Ist das nicht ein schönes Bild? Und verstehst du auch alles, oder soll ich's noch mal erklären?«

Der Fremdling (und das war ein Tewara) sah sich das Bild an und nickte ganz heftig. Er sagte sich: ›Wenn ich nicht den Stamm dieses großen Häuptlings zu Hilfe hole, bringen ihn seine Feinde um, die von allen Seiten mit Speeren ankommen. Jetzt verstehe ich auch, warum der große Häuptling so getan hat, als ob er mich nicht bemerkt. Er hatte Angst, dass seine Feinde sich im Gebüsch versteckt halten und sehen, wie er mir eine Botschaft übergibt. Deshalb hat er mir den Rücken zugewandt und dieses kluge und wundersame Kind das schreckliche Bild malen lassen, um mir seine Schwierigkeiten zu erklären. Ich will los und ihm Hilfe von seinem Stamm holen.‹ Er fragte Taffy nicht mal nach dem Weg, sondern sauste wie der Wind los in die Büsche, und Taffy setzte sich überaus zufrieden hin.

Und das ist das Bild, das Taffy ihm gemalt hatte!

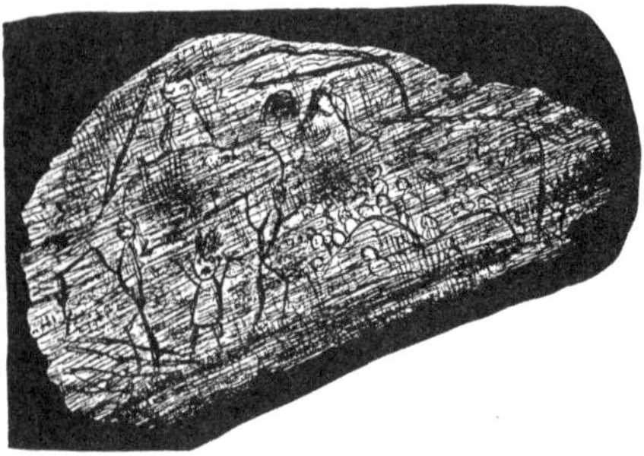

»Was hast du gemacht, Taffy?«, sagte Tegumai. Er hatte seinen Speer geflickt und schwenkte ihn vorsichtig hin und her.

»Das ist eine kleine Besorgerei, die mir eingefallen ist, lieber Papi«, sagte Taffy. »Wenn du keine Fragen stellst, wirst du bald alles erfahren, und dann wirst du dich wundern. Du weißt ja gar nicht, wie sehr du dich wundern wirst, Papi! Versprich mir, dass du dich wunderst.«

»Sehr schön«, sagte Tegumai und fischte weiter.

Der Fremdling – wusstest du schon, dass er ein Tewara war? – lief mit dem Bild los und rannte ein paar Meilen weit, bis er ganz zufällig Teshumai Tewindrow am Eingang ihrer Höhle traf, wo sie sich mit ein paar anderen Steinzeitdamen unterhielt, die zu einem primitiven Essen gekommen waren. Taffy sah Teshumai sehr ähnlich, vor allem im oberen Teil des Gesichts und um die Augen, deshalb lächelte der Fremdling – immer ein echter Tewara – sehr höflich und gab Teshumai die Birkenrinde. Er war sehr schnell gerannt, deshalb keuchte er, und seine Beine waren von Brombeerranken zerkratzt, aber trotzdem versuchte er, höflich zu sein.

Sobald Teshumai das Bild sah, kreischte sie wie nur was und stürzte sich auf den Fremdling. Die anderen Steinzeitdamen schlugen ihn sofort nieder und setzten sich auf ihn, in einer langen Sechserreihe, während Teshumai ihn an den Haaren zog. »Das ist so deutlich wie die Nase im Gesicht dieses Fremdlings«, sagte sie. »Er hat lauter Speere in meinen Tegumai gesteckt und die arme Taffy so erschreckt, dass ihr die Haare zu Berge stehen; und nicht genug damit, er bringt mir auch noch ein grässliches Bild davon, wie er das alles gemacht hat. Seht bloß!« Sie zeigte das Bild allen Steinzeitdamen, die geduldig auf dem Fremdling saßen. »Das ist Tegumai, mit gebrochenem Arm; da steckt ein Speer in seinem Rücken; da steht ein Mann, der gleich einen Speer wirft; da ist noch einer, der einen Speer aus einer Höhle herausschleudert, und da ist ein ganzer Haufen Leute«, (das waren eigentlich Taffys Biber, aber sie sahen wirklich aus wie Leute), »die von hinten auf Tegumai losgehen. Ist das nicht ungehörig!«

Das ist die Geschichte von Taffimai Metallumai, vor langer Zeit von den Alten Völkern in einen alten Stoßzahn geschnitzt. Wenn du meine Geschichte liest oder sie dir vorlesen lässt, kannst du sehen, dass alles auf dem Stoßzahn erzählt wird. Der Stoßzahn war Teil einer alten Stammestrompete, die dem Stamm der Tegumai gehörte. Die Bilder wurden mit einem Nagel oder so etwas hineingekratzt, und dann wurden die Kratzer mit schwarzem Wachs angefüllt, aber alle Trennlinien und die fünf kleinen runden Dinger unten wurden mit rotem Wachs gefüllt. Als es neu war, gab es an einem Ende eine Art Netz aus Perlen und Muscheln und Edelsteinen, aber das ist alles längst zerbrochen und verloren gegangen – alles außer dem bisschen, das du siehst. Die Zeichen neben dem Stoßzahn sind Zauber – Runenzauber –, und wenn du sie kannst, wirst du etwas ganz Neues herausfinden. Der Stoßzahn ist aus Elfenbein – ganz gelb und zerkratzt. Er ist zwei Fuß lang und zwei Fuß rundum, und er wiegt elf Pfund und neun Unzen.

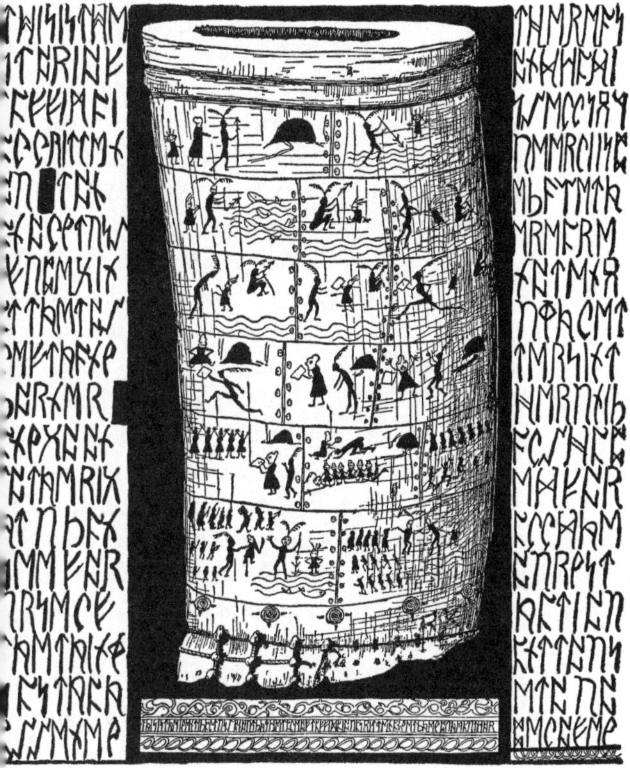

»Sehr ungehörig!«, sagten die Steinzeitdamen, und sie schmierten dem Fremdling Matsch in die Haare (worüber er sich wunderte), und sie schlugen auf die dröhnenden Stammestrommeln und riefen alle Häuptlinge des Stammes der Tegumai zusammen, mit ihren Hetmanen und Dolmanen, allen Negussen, Woons und Akhoonds der Organisation, dazu noch die Hexer, Angekoks, Juju-Männer und Bonzen und die anderen, die beschlossen, ehe sie dem Fremdling den Kopf abschlügen, sollte er sie sofort den Fluss hinunterführen und ihnen zeigen, wo er die arme Taffy versteckt hatte.

Inzwischen war der Fremdling (obwohl er ein Tewara war) richtig verärgert. Sie hatten ihm das Haar ziemlich dick mit Matsch vollgeschmiert; sie hatten ihn über spitze Kiesel hin- und hergerollt; sie hatten in langer Sechserreihe auf ihm gesessen; sie hatten ihn geknufft und gepufft, bis er kaum noch Luft kriegte; und obwohl er ihre Sprache nicht verstand, war er beinahe sicher, dass die Wörter, mit denen die Steinzeitdamen ihn belegten, nicht damenhaft waren. Trotzdem sagte er überhaupt nichts, bis der ganze Stamm der Tegumai versammelt war, und dann führte er sie zurück zum Ufer des Wagai-Flusses, und da fanden sie Taffy, die gerade Gänseblumenkränze machte, und Tegumai, der umsichtig kleine Karpfen mit seinem geflickten Speer fischte.

»Also, du warst vielleicht schnell!«, sagte Taffy. »Aber warum hast du so viele Leute mitgebracht? Lieber Papi, das ist meine Überraschung. Wunderst du dich jetzt auch, Papi?«

»Sehr«, sagte Tegumai; »aber das verdirbt mir das Fischen für den ganzen Tag. Na, da ist ja der ganze liebe, nette, feine, saubere, ruhige Stamm, Taffy.«

Und so war es auch. Ganz vorne gingen Teshumai Tewindrow und die Steinzeitdamen; sie hielten den Fremdling sehr gut fest, dessen Haar von Matsch klebte (obwohl er ein Tewara war). Hinter ihnen kamen der Haupt-Häuptling, der Vize-Häuptling, die stellvertretenden und Hilfs-Häuptlinge (alle bis an die Oberzähne bewaffnet), die Hetmänner und Hunderter-Häupter, Platoffs mit ihren Platoffeln und Dolmane mit ihren Detachements; Woons, Negusse und Akhoonds dahinter (auch sie bis an die Zähne bewaffnet). Nach ihnen kam der Stamm in hierarchischer Ordnung; von den Besitzern von vier Höhlen (eine für jede Jahreszeit), einem privaten Rentierrennen und zwei Lachssprüngen, bis zu feudalen und prognathen Hintersassen mit halbem Anspruch auf die Hälfte eines Bärenfells in Winternächten, sieben Schritt vom Feuer, und leibeigene Fronpflichtner im Besitz der Anwartschaft auf einen hauptfälligen ausgekratzten Markknochen. (Sind das nicht feine Wörter, Bestgeliebtes?) Sie alle waren da, stolzierten und grölten und verscheuchten alle Fische auf zwanzig Meilen, und Tegumai dankte mit einer geläufigen steinzeitlichen Standpauke.

Dann lief Teshumai Tewindrow los und küsste und umarmte Taffy wirklich ziemlich sehr; aber der Haupt-Häuptling des Tegumai-Stammes packte Tegumai an den Haarknäuel-Federn und schüttelte ihn streng.

»Erklär! Erklär! Erklär!«, schrie der ganze Tegumai-Stamm.

»Ach du liebe Gütlichkeit!«, sagte Tegumai. »Lass meinen Dutt los. Darf man denn nicht mal seinen Karpfen-Speer zerbrechen, ohne dass die ganze Gegend auf einen losgeht? Ihr müsst wohl in alles eure Nasen stecken.«

»Ich glaub, ihr habt Papis Speer mit dem schwarzen Griff überhaupt nicht mitgebracht«, sagte Taffy. »Und was macht ihr eigentlich mit meinem netten Fremdling?«

Sie pufften ihn zu zweit und zu dritt und zu zehnt, dass seine Augen sich immer im Kreis drehten. Er konnte nur noch ächzen und auf Taffy deuten.

»Wo sind denn all die bösen Leute, die dich gespeert haben, mein Liebling?«, sagte Teshumai Tewindrow.

»Hier war doch gar keiner«, sagte Tegumai. »Mein einziger Besucher heute Morgen war der arme Kerl da, den ihr erwürgen wollt. Geht's euch nicht gut, oder geht's euch schlecht, o Stamm der Tegumai?«

»Der ist mit einem schrecklichen Bild angekommen«, sagte der Haupt-Häuptling; »ein Bild, auf dem du voller Speere steckst.«

»Em – eh – vielleicht sollt ich erklären, dass ich ihm das Bild gegeben hab«, sagte Taffy, aber sie fühlte sich nicht ganz wohl.

»Du!«, sagte der ganze Tegumai-Stamm gleichzeitig. »Kleine-Person-ohne-Benimm-die-verhauen-gehört! Du?«

»Taffyliebes, ich glaube, wir kriegen ein bisschen Ärger«, sagte ihr Papi und legte den Arm um sie, deshalb machte es ihr nichts aus.

»Erklär! Erklär! Erklär!«, sagte der Haupt-Häuptling des Stammes der Tegumai, und er hüpfte auf einem Fuß herum.

»Ich wollte doch, dass der Fremdling Papis Speer holt, deshalb hab ich das gemalen«, sagte Taffy. »Hier gab's überhaupt keine vielen Speere. Bloß einen einzigen. Den hab ich dreimal gemalen, zur Sicherheit. Ich konnte nix dafür, dass es aussieht, als ob er in Papis Kopf steckt – da war nicht genug Platz auf der Birkenrinde; und die Dinger, wo Mami böse Leute zu sagt, das sind meine Biber. Die hab ich gemalen, um ihm den Weg durch den Sumpf zu zeigen; und Mami hab ich am Höhleneingang gemalen, wie sie freundlich kuckt, weil das so ein netter Fremdling ist, und ich finde, ihr seid einfach die blödesten Leute auf der

Welt«, sagte Taffy. »Das ist ein sehr netter Mann. Warum habt ihr ihm Matsch in die Haare geschmiert? Wascht ihn!«

Lange Zeit sagte keiner etwas, bis der Haupt-Häuptling lachte; dann lachte der Fremdling (der immerhin ein Tewara war); dann lachte Tegumai, bis er platt aufs Flussufer fiel; dann lachte der ganze Stamm noch mehr und schlimmer und lauter. Die Einzigen, die nicht lachten, waren Teshumai Tewindrow und die ganzen Steinzeitdamen. Sie waren sehr höflich zu ihren sämtlichen Männern und sagten immer wieder »Idiot«.

Dann rief der Haupt-Häuptling des Stammes der Tegumai und sagte und sang: »O Kleine-Person-ohne-Benimm-die-verhauen-gehört, du hast eine tolle Erfindung gemacht!«

»Wollte ich gar nicht; ich wollte bloß Papis Speer mit dem schwarzen Griff«, sagte Taffy.

»Macht nichts. Es ist wirklich eine großartige Erfindung, und irgendwann wird man es *schreiben* nennen. Im Moment sind es nur Bilder, und wie wir heute gesehen haben, werden Bilder nicht immer richtig verstanden. Aber es wird eine Zeit kommen, o Kind von Tegumai, in der wir Buchstaben machen werden – und zwar alle sechsundzwanzig Stück –, und dann werden wir nicht nur schreiben, sondern auch lesen können, und dann werden wir immer genau das sagen, was wir meinen, ohne irgendwelche Fehler. Die Steinzeitdamen sollen dem Fremdling den Matsch aus den Haaren waschen!«

»Da wär ich aber froh«, sagte Taffy; »ihr habt nämlich alle anderen Speere vom Stamm der Tegumai mitgebracht, aber den mit dem schwarzen Griff von meinem Papi vergessen.«

Da rief der Haupt-Häuptling und sagte und sang: »Taffyliebes, wenn du das nächste Mal einen Bilderbrief schreibst, schick ihn lieber mit einem Mann, der unsere Sprache spricht und erklären kann, was der Brief bedeutet. Mir macht das nicht so viel aus, weil ich ja Haupt-Häuptling bin, aber für den Rest des Stammes der Tegumai ist es ganz schlecht, und wie du siehst, verwundert es den Fremdling.«

Dann nahmen sie den Fremdling (einen echten Tewara aus Tewar) in den Stamm der Tegumai auf, weil er ein feiner Mann war und keinen Wirbel machte wegen des Matsches, den ihm die Steinzeitdamen ins Haar geschmiert hatten. Aber seit diesem Tag und bis heute (und ich glaube, daran ist ganz allein Taffy schuld) haben nur sehr wenige kleine Mädchen gern lesen oder schreiben gelernt. Die meisten malen lieber Bilder oder spielen mit ihrem Papi herum – genau wie Taffy.

Am Merrow-Berg der Feldweg dort
war eine Handelsstraße breit,
von Guildford nur ein Stündchen fort
den Wey entlang in jener Zeit.

Die alten Briten kamen her,
wenn sie die Pferde hörten, und
sie sahn die dunklen Punier
mit ihren Waren kunterbunt.

Es ging um Handel und um Rat,
man sprach und feilschte her und hin;
Glasperlen gab es für Gagat
und grellen Schmuck für graues Zinn.

Viel früher, als noch mit Geschnauf
hier Auerochsen grasten, stie-
gen Taffy und ihr Papi auf
den Berg, denn oben wohnten sie.

Die Biber damals stauten sich
den Bach zum Sumpf, wo Bramley steht,
und Bären aus Shere schauten sich
nach Taffy um, wo Shamley steht.

Für Taffy hieß der Wey Wagai,
der damals sechsmal breiter war;
an dem der Stamm der Tegumai
so gut gedieh und heiter war.

Wie das Alphabet entstand

Taffimai Metallumai (wir wollen sie weiter Taffy nennen, Bestgeliebtes) hatte also diesen kleinen Fehler gemacht mit dem Speer ihres Papis und dem Fremdling und dem Bilderbrief und so, und eine Woche danach ging sie wieder mit ihrem Papi Karpfen fischen. Ihre Mami wollte, dass sie zu Hause blieb und half, auf den großen Trockenpfählen vor ihrer Steinzeithöhle Häute zum Trocknen aufzuhängen, aber Taffy verdrückte sich sehr bald hin zu ihrem Papi, und sie fischten. Plötzlich begann sie zu kichern, und ihr Papi sagte: »Sei nicht albern, Kind.«

»Aber war das nicht aufregend!«, sagte Taffy. »Weißt du nicht mehr, wie der Haupt-Häuptling die Backen aufgepustet hat und wie komisch der nette Fremdling aussah, mit dem ganzen Matsch im Haar?«

»Und ob ich das weiß«, sagte Tegumai. »Ich musste dem Fremdling zwei Hirschfelle zahlen – weiche, mit Fransen – für das, was wir ihm angetan haben.«

»*Wir* haben doch nichts getan«, sagte Taffy. »Das waren Mami und die anderen Steinzeitdamen – und der Matsch.«

»Davon reden wir besser nicht«, sagte ihr Papi. »Zeit zum Essen.«

Taffy nahm einen Markknochen und saß zehn Minuten lang mucksmäuschenstill da, während ihr Papi mit einem Haifischzahn auf Birkenrindenstücken herumkratzte. Dann sagte sie: »Papi, ich hab mir eine geheime Überraschung ausgedacht. Mach mal ein Geräusch – irgendeins.«

»Ah!«, sagte Tegumai. »Reicht das für den Anfang?«

»Ja«, sagte Taffy. »Du siehst aus wie ein Karpfen, wenn er den Mund aufmacht. Sag das noch mal, bitte.«

»Ah! Ah! Ah!«, sagte ihr Papi. »Sei nicht so unhöflich, Töchterlein.«

»Das sollte gar nicht unhöflich sein, wirklich und wahrhaftig«, sagte Taffy. »Das gehört alles zu meinem Geheim-Überraschung-Gedenke. Sag bitte noch mal Ah, Papi, und lass am Schluss den Mund offen, und leih mir den Haifischzahn. Ich will einen Karpfenmund malen, der ganz offen ist.«

»Wozu?«, sagte ihr Papi.

»Verstehst du denn nicht?«, sagte Taffy; sie kratzte auf der Rinde herum. »Das wird unsere kleine geheime Überraschung. Wenn ich in den Ruß hinten in unserer Höhle – falls Mami nichts dagegen hat – nen Karpfen mit offenem Mund male, wird dich das an das Ah-Geräusch erinnern. Dann können wir spielen, dass ich aus dem Dunkel springe und dich mit dem Geräusch überrasche – wie letzten Winter im Bibersumpf.«

»Ah ja?«, sagte ihr Papi mit der Stimme, die Erwachsene haben, wenn sie wirklich zuhören. »Mach weiter, Taffy.«

»O Mist!«, sagte sie. »Ich kann gar keinen ganzen Karpfen malen, bloß was, was wie ein Karpfenmund aussieht. Weißt du nicht, wie die auf dem Kopf stehen, wenn sie im Schlamm gründeln? Also, das hier wäre jetzt ein Karpfen (wir können ja spielen, dass der Rest von ihm auch gemalt ist). Das ist einfach sein Mund, und das bedeutet Ah.« Und sie malte dieses:

»Nicht schlecht«, sagte Tegumai; er kratzte es für sich auf sein eigenes Stück Rinde. »Du hast bloß den Fühler vergessen, der ihm vor dem Mund hängt.«

»Aber ich kann doch nicht malen, Papi.«

»Du brauchst von ihm auch gar nichts zu malen, bloß den offenen Mund und den Fühler darüber. Dann wissen wir, dass es ein Karpfen ist, weil Barsche und Forellen keinen Fühler haben. Kuck mal, Taffy.« Und er malte das hier:

»Jetzt mal ich's ab«, sagte Taffy. »Kannst du *das* verstehen, wenn du es siehst?« Und sie malte das hier:

»Ganz klar«, sagte ihr Papi. »Und wenn ich das irgendwo sehe, werde ich genauso überrascht sein, wie wenn du hinter einem Baum herausgesprungen kommst und ›Ah!‹ sagst!«

»Jetzt mach noch ein Geräusch«, sagte Taffy ganz stolz.

»Yah!«, sagte ihr Papi ganz laut.

»Hmm«, sagte Taffy. »Das ist ein durcheinanderes Geräusch. Am Ende ist es der *Ah*-Karpfenmund; aber was sollen wir mit dem Anfang machen? *Ye-ye-ye* und *ah! Ya!*«

»Das ist ganz ähnlich wie das Karpfenmund-Geräusch. Lass uns noch ein Stück von dem Karpfen malen und beides zusammenbringen«, sagte ihr Papi. Er war auch ganz aufgeregt.

»Nee. Wenn die zusammenhängen, dann vergess ich alles. Mal es einzeln. Mal seinen Schwanz. Wenn er auf dem Kopf steht, sieht man den Schwanz als

Erstes. Außerdem glaub ich, nen Fischschwanz kann ich ganz leicht malen«, sagte Taffy.

»Gute Idee«, sagte Tegumai. »Da hast du einen Karpfenschwanz für das *ye*-Geräusch.« Und er malte das hier: 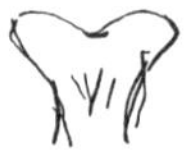

»Jetzt probier ich es«, sagte Taffy. »Du weißt ja, ich kann nicht so malen wie du, Papi. Reicht das, wenn ich einfach das Stück male, wo der Schwanz sich gabelt, und nen langen Strich nach unten, wo er zusammen ist?« Und sie malte das hier: 

Ihr Papi nickte, und seine Augen leuchteten ganz hell vor Aufregung.

»Das ist schön«, sagte sie. »Jetzt mach ein anderes Geräusch, Papi.«

»Oh!«, sagte ihr Papi ganz laut.

»Das ist ganz einfach«, sagte Taffy. »Dabei machst du den Mund ganz rund, wie ein Ei oder ein Stein. Deshalb kann man dafür ein Ei oder einen Stein nehmen.«

»Du kannst aber nicht überall Eier oder Steine haben. Wir müssen was Rundes kratzen, was so ähnlich ist.« Und er malte das hier: 

»Liebe Güte!«, sagte Taffy. »Wie viele Geräusch-Bilder wir schon gemacht haben – Karpfenmund, Karpfenschwanz und Ei! Jetzt mach noch ein Geräusch, Papi.«

»Sss!«, sagte ihr Papi und verzog das Gesicht, aber Taffy war zu aufgeregt, um es zu bemerken.

»Das ist ganz einfach«, sagte sie; sie kratzte auf der Rinde.

»Eh, was?«, sagte ihr Papi. »Ich meine, ich hab bloß nachgedacht und wollte nicht gestört werden.«

»Trotzdem ist das ein Geräusch. Das ist das Geräusch, das eine Schlange macht, Papi, wenn sie nachdenkt und nicht gestört werden will. Ich finde, wir machen aus dem *sss*-Geräusch eine Schlange. Geht das so?« Und sie malte das hier:

»Da«, sagte sie. »Noch ein Überraschungs-Geheimnis. Wenn du eine Zischelschlange neben die Tür von deiner kleinen Hinterhöhle malst, wo du die Speere flickst, dann weiß ich, du denkst scharf nach; und dann komm ich ganz mäuschenstill rein. Und wenn du das auf nen Baum am Fluss malst, wenn du Fische jagst, dann weiß ich, dass ich ganz, ganz mäuschenstill auftreten soll, damit die Böschung nicht zittert.«

»Sehr richtig«, sagte Tegumai. »Und in diesem Spiel steckt viel mehr, als du jetzt meinst. Taffyliebes, ich glaube, die Tochter von deinem Papi hat die größte Sache entdeckt, die es je gab, seit der Stamm der Tegumai darauf gekommen ist, Haifischzähne für die Speerspitzen zu nehmen statt Feuerstein. Ich glaube, wir haben das große Geheimnis der Welt herausgefunden.«

»Wieso?«, sagte Taffy, und auch ihre Augen leuchteten vor Aufregung.

»Ich zeig es dir«, sagte ihr Papi. »Wie heißt Wasser in der Tegumaisprache?«

»*Ya,* und das bedeutet auch Fluss – wie Wagai-*ya*«, der Wagai-Fluss.«

»Wie heißt schlechtes Wasser, von dem man Fieber kriegt, schwarzes Wasser, Sumpf-Wasser?«

»*Yo,* natürlich.«

»Jetzt pass auf«, sagte ihr Papi, »angenommen, du siehst *das* neben einem Teich im Bibersumpf eingeritzt?« Und er malte das hier:

»Karpfenschwanz und rundes Ei. Zwei Geräusche zusammen! *Yo,* schlechtes Wasser«, sagte Taffy. »Ich würde das Wasser natürlich nicht trinken, weil ich ja wüsste, du hast gesagt, es ist schlecht.«

»Aber ich brauchte gar nicht in der Nähe des Wassers zu sein. Ich könnte viele Meilen weit weg sein und jagen, und trotzdem …«

»Und trotzdem wär es ganz so, als ob du da stehst und sagst: ›Weg da, Taffy, sonst kriegst du Fieber.‹ All das in einem Karpfenschwanz und nem runden Ei! O Papi, das müssen wir Mami ganz schnell erzählen!« Und Taffy tanzte um ihn herum.

»Noch nicht«, sagte Tegumai; »erst wenn wir ein Stückchen weitergekommen sind. Mal sehen. *Yo* ist schlechtes Wasser, aber *so* ist auf dem Feuer gekochtes Essen, oder?« Und er malte das hier:

»Ja. Schlange und Ei«, sagte Taffy. »Und das heißt, das Essen ist fertig. Wenn du das in einen Baum gekratzt siehst, dann weißt du, es ist Zeit, zur Höhle zu kommen. Ich auch.«

»Du liebe Zeit!«, sagte Tegumai. »Stimmt ja. Aber warte mal. Da gibt es eine Schwierigkeit. *So* heißt ›Essen kommen‹, aber *sho* sind die Trockenpfähle, wo wir unsere Häute aufhängen.«

»Blöde olle Trockenpfähle!«, sagte Taffy. »Ich hasse das, harte, heiße, haarige Häute dahin bringen zu helfen. Wenn du die Schlange und das Ei malst und ich meine, das bedeutet Mittagessen, und ich komm aus dem Wald heim und merke, es heißt bloß, ich soll Mami helfen, Häute auf die Pfähle zu hängen, was *mach* ich dann?«

»Dann wärst du sauer. Mami auch. Wir müssen für

sho ein neues Bild malen. Wir müssen eine Schlange mit Flecken malen, die *sh-sh* zischt, und wir tun so, als ob die einfache Schlange nur *ssss* zischt.«

»Ich wüsste aber nicht genau, wie ich die Flecken reinmalen soll«, sagte Taffy. »Und vielleicht, wenn du es eilig hast, würdest du sie weglassen, und dann würde ich glauben, es heißt *so,* wo es doch *sho* heißen soll, und dann würde Mami mich trotzdem kriegen. *Nein!* Ich glaub, wir malen am besten ein Bild von den hässlichen hohen Trockenpfählen selbst, um *ganz* sicher zu sein. Die mal ich gleich hinter die Zischelschlange. Kuck mal!« Und sie malte das hier:

»Vielleicht ist das am besten. Jedenfalls sieht es unseren Trockenpfählen sehr ähnlich«, sagte ihr Papi lachend. »Jetzt mach ich noch ein Geräusch mit einer Schlange und einem Pfähle-Klang drin. Ich sage *shi.* Das ist Speer auf Tegumai, Taffy.« Und er lachte.

»Mach dich nicht über mich lustig«, sagte Taffy, weil sie an ihren Bilderbrief dachte und den Matsch im Haar des Fremdlings. »Mal *du* das, Papi.«

»Diesmal ohne Biber oder Berge, ja?«, sagte ihr Papi. »Ich mal einfach eine gerade Linie für meinen Speer.« Und er malte das hier:

»Nicht mal Mami würde dann meinen, ich würde gerade umgebracht.«

»*Bitte,* Papi. Ich finde das gar nicht lustig. Mach noch ein paar Geräusche. Wir kommen ganz prima voran.«

»Eh-hmm!«, sagte Tegumai; er schaute nach oben. »Sagen wir *shu.* Das bedeutet Himmel.«

Taffy malte die Schlange und die Trockenpfähle. Dann hielt sie an. »Für das End-Geräusch müssen wir ein neues Bild machen, oder?«

»Shu-shu-u-u!«, sagte ihr Papi. »Also, das ist doch ganz wie das runde Eigeräusch, bloß dünner.«

»Wie wär's denn, wenn wir ein dünnes rundes Ei malen und tun, als ob das ein Frosch war, der seit Jahren nichts mehr zu essen gekriegt hat?«

»N-Nein«, sagte ihr Papi. »Wenn wir das hastig malen, könnten wir es mit dem richtigen runden Ei verwechseln. *Shu-shu-shu!* Jetzt weiß ich, was wir machen. Wir malen am Ende vom runden Ei ein kleines Loch, um zu zeigen, wie das O-Geräusch ganz dünn rausfließt, *ooo-ou-uuu.* So ungefähr.« Und er malte das hier:

»Oh, das ist schön! Viel besser als ein dünner Frosch. Mach weiter«, sagte Taffy; sie nahm ihren Haifischzahn.

Ihr Papi malte weiter, und seine Hand zitterte vor Aufregung. Er machte weiter, bis er das hier gemalt hatte: 

»Nicht nach oben kucken, Taffy«, sagte er. »Versuch mal rauszukriegen, was das in der Tegumai-Sprache bedeutet. Wenn du es schaffst, dann haben wir das große Geheimnis entdeckt.«

»Schlange – Pfahl – kaputtes Ei – Karpfenschwanz und Karpfenmund«, sagte Taffy. *»Shu-ya.* Himmelswasser (Regen).« In dem Augenblick fiel ein Tropfen auf ihre Hand, denn der Himmel hatte sich bewölkt. »Also, Papi, es regnet ja. War es das, was du mir sagen wolltest?«

»Natürlich«, sagte ihr Papi. »Und ich hab's dir erzählt, ohne ein Wort zu sagen, oder?«

»Also, ich glaube, ich hätte es sehr schnell rausgekriegt, aber mit dem Regentropfen war ich dann ganz sicher. Jetzt vergess ich das nie wieder. *Shu-ya* bedeutet Regen, oder ›es wird gleich regnen‹. Also, Papi!« Sie sprang auf und tanzte um ihn herum. »Wenn du jetzt rausgehst, bevor ich wach werde, und du malst *shu-ya* in den Ruß an der Wand, dann weiß ich, dass es regnen wird, und dann kann ich meinen Biberfell-Umhang mitnehmen. Dann würde Mami sich aber wundern.«

Tegumai stand auf und tanzte. (Damals machte es Papis noch nichts aus, so was zu tun.) »Viel mehr! Noch viel mehr!«, sagte er. »Stell dir vor, ich will dir sagen, dass es nicht sehr viel regnen wird und du zum Fluss runterkommen sollst; was würden wir dann malen? Sag es zuerst laut, in Tegumai-Sprache.«

»*Shu-ya-las, ya maru.* (Himmelswasser Ende. Fluss kommen zu.) *So* viele neue Geräusche! Ich weiß wirklich nicht, wie wir die alle malen können.«

»Aber ich weiß es – ich weiß es!«, sagte Tegumai. »Pass noch eine Minute auf, Taffy, und mehr machen wir dann heute nicht. Das *shu-ya* haben wir ja schon, nicht wahr? Aber dieses *las* ist knifflig. *La-la-la!*« Und er fuchtelte mit seinem Haifischzahn.

»Da ist die Zischelschlange am Ende, und vor der Schlange der Karpfenmund – *as-as-as.* Jetzt brauchen wir bloß noch *la-la*«, sagte Taffy.

»Weiß ich, aber das *la-la* müssen wir erst machen. Und wir sind auf der ganzen Welt die Ersten, die das je versucht haben, Taffimai!«

»Also«, sagte Taffy gähnend, denn sie war ziemlich müde, »*las* heißt nicht nur enden, sondern auch abbrechen oder fertig machen, oder?«

»Stimmt«, sagte Tegumai. »*Yo-las* heißt, es ist kein Wasser mehr im Behälter, und Mami kann nichts kochen – ausgerechnet dann, wenn ich auf Jagd bin.«

»Und *shi-las* heißt, dass dein Speer zerbrochen

ist. Wenn ich bloß daran gedacht hätte, statt für den Fremden die dummen Biberbilder zu malen!«

»La! La! La!«, sagte Tegumai; er schwenkte seinen Stock und schnitt eine Grimasse. »Also so was!«

»*Shi* hätte ich ganz leicht malen können«, fuhr Taffy fort.

»Und dann hätte ich deinen Speer ganz kaputt gemalt – so!« Und sie malte:

»Das ist es«, sagte Tegumai. »Das ist genau *la.* Es ist auch ganz anders als die anderen Zeichen.« Und er malte das hier:

»Jetzt zu dem *ya.* Ach so, das hatten wir ja schon. Also zu *maru. M-m-m. M* verschließt einem den Mund, oder? Dann malen wir da einen geschlossenen Mund, so.« Und er malte:

»Dann der offene Karpfenmund. Das ist *ma-ma-ma!* Aber was machen wir mit diesem *rrrrr*-Ding, Taffy?«

»Das klingt ganz rau und kantig, wie deine Säge aus Haifischzähnen, wenn du eine Planke fürs Kanu zuschneidest«, sagte Taffy.

»Du meinst, mit ganz scharfen Kanten, so ungefähr?«, sagte Tegumai. Und er malte:

»Genau«, sagte Taffy. »Aber wir brauchen nicht so viele Zähne, mach bloß zwei davon.«

»Ich mach bloß einen«, sagte Tegumai. »Wenn aus unserem Spiel das wird, was ich glaube, dann ist es für alle umso besser, je einfacher wir unsere Geräuschbilder machen.« Und er malte:

»*Jetzt* haben wir's«, sagte Tegumai; er stand auf einem Bein. »Ich male sie jetzt alle aufgereiht wie Fische.«

»Ob wir nicht ein Stückchen Holz oder so zwischen die Wörter malen sollen, damit sie sich nicht rubbeln und balgen wie Karpfen?«

»Ach, dafür lass ich einfach ein bisschen Platz«, sagte ihr Papi. Und ganz aufgeregt zeichnete er sie alle nacheinander, auf ein großes neues Stück Birkenrinde:

»Shu-ya-las-ya-maru«, sagte Taffy; sie las ein Geräusch nach dem anderen.

»Das reicht für heute«, sagte Tegumai. »Außerdem bist du schon ganz müde, Taffy. Macht nichts, Liebes. Morgen machen wir das alles fertig, und dann wird man sich Jahre und Jahre lang an uns erinnern; noch dann, wenn die größten Bäume hier zu Brennholz klein gehackt worden sind.«

Also gingen sie heim, und den ganzen Abend lang saß Tegumai auf der einen Seite des Feuers und Taffy auf der anderen, und sie malten *ya*s und *yo*s und *shu*s und *ki*s in den Ruß an der Wand und kicherten herum, bis ihre Mami sagte: »Also wirklich, Tegumai, du bist ja noch schlimmer als meine Taffy.«

»*Bitte* mach dir nichts draus«, sagte Taffy. »Das ist bloß unsere Geheim-Überraschung, liebe Mami, und wir erzählen dir alles, sobald es fertig ist; bloß frag mich bitte nicht jetzt, was es ist, sonst muss ich es erzählen.«

Also achtete ihre Mami darauf, nicht zu fragen; und am nächsten Morgen ging Tegumai sehr früh zum Fluss hinab, um über neue Geräuschbilder nachzudenken, und als Taffy aufstand, sah sie *ya-las* (Wasser geht zu Ende oder fließt weg) mit Kreide auf die große Tonne vor der Höhle geschrieben.

»Mm«, sagte Taffy. »Diese Geräuschbilder sind ganz schön lästig! Das ist ganz so, als ob Papi selbst hergekommen wär und mir gesagt hätte, ich soll mehr Wasser für Mami zum Kochen holen.« Sie ging zur Quelle hinter dem Haus und füllte den Behälter mit einem Eimer aus Rinde, und dann lief sie zum

Fluss hinab und zupfte ihren Papi am linken Ohr – dem Ohr, das sie zupfen durfte, wenn sie brav war.

»Jetzt komm mit, dann malen wir alle anderen Geräuschbilder«, sagte ihr Papi, und damit verbrachten sie einen ganz aufregenden Tag, mit einem sehr feinen Essen mittendrin und zweimal prima Toben. Als sie zum T kamen, sagte Taffy, weil ihr Name und der von ihrem Papi und der von ihrer Mami alle mit diesem Laut anfingen, sollten sie eine Art Familiengruppe malen, sie alle drei selber, Hand in Hand. Es war auch ganz einfach, das ein- oder zweimal zu zeichnen; aber als es darum ging, es sechs- oder siebenmal zu machen, zeichneten Taffy und Tegumai es immer krakeliger, bis am Ende der T-Laut nur noch ein dünner großer Tegumai war, mit ausgestreckten Armen, um Taffy und Teshumai zu halten. An diesen drei Bildern kannst du zum Teil sehen, wie das ging:

Viele der anderen Bilder waren am Anfang viel zu schön, besonders vor dem Essen; aber wieder und wieder auf Birkenrinde gezeichnet, wurden sie einfacher und leichter, bis schließlich sogar Tegumai sagte, er könne keinen Fehler mehr an ihnen finden. Sie drehten die Zischelschlange um für das Z-Geräusch, um zu zeigen, dass sie irgendwie sanfter und milder rückwärtszischte;

und für das E machten sie einfach einen Schnörkel, weil es sich so oft in die Bilder schnörkelte;

und sie malten Bilder vom heiligen Biber der Tegumai für den B-Laut;

und weil es ein nichtsnutziges naseweises Geräusch war, malten sie einfach Nasen für den N-Laut, bis sie müde wurden;

und sie malten ein Bild vom Mund des großen Seehechts für den gierigen Ga-Laut;

und sie malten den Hechtmund noch einmal, mit einem Speer dahinter, für den kratzigen wehen Ka-Laut;

und sie malten Bilder von einem kleinen Stück des windungsreichen Wagai-Flusses für den netten wendig-windigen Wa-Laut;

und so weiter und so fort und so folgend, bis sie ans Ende kamen und alle Lautbilder gezeichnet hatten, die sie brauchten, und da war das Alphabet ganz fertig.

Und nach Tausenden und Tausenden und Tausenden Jahren, und nach Hieroglyphen und Demotisch und Nilotisch, Kryptisch und Kufisch und Runisch und Dorisch und Ionisch und allen möglichen anderen -rischen und -fischen (weil die Woons und die Negusse und die Akhoonds und die Bewahrer der Überlieferung nie die Finger von etwas Gutem lassen konnten, wenn sie es zu fassen kriegten) kam das schöne alte einfache verständliche Alphabet – A, B, C, D und die andern alle – wieder zurück zur richtigen Form, damit alle Bestgeliebten es lernen können, wenn sie alt genug sind.

Aber ich erinnere mich noch an Tegumai Bopsulai und Taffimai Metallumai und Teshumai Tewindrow, ihre liebe Mami, und all die vergangenen Zeiten. Und das war so – genau so – vor ganz langer Zeit – am Ufer des großen Wagai!

Eines der ersten Dinge, die Tegumai Bopsulai anfertigte, nachdem Taffy und er das Alphabet gemacht hatten, war eine magische Alphabet-Halskette mit allen Zeichen, damit sie in den Tempel der Tegumai gelegt und dort für immer und ewig aufbewahrt werden konnte. Der ganze Stamm der Tegumai brachte die kostbarsten Perlen und schönsten Dinge, und Taffy und Tegumai verbrachten volle fünf Jahre damit, die Halskette fertigzustellen. Das ist ein Bild der magischen Alphabet-Kette. Die Schnur wurde aus der feinsten und stärksten Rentier-Sehne gemacht, ganz mit dünnem Kupferdraht umwickelt.

Oben angefangen ist die erste Perle ein altes Silberkügelchen, das dem Haupt-Priester des Stammes der Tegumai gehörte; dann kommen drei schwarze Muschelperlen; die nächste ist eine Tonperle (blau-grau); dann eine knubbelige Goldperle als Geschenk von einem Stamm, der sie aus Afrika gekriegt hatte (aber in Wirklichkeit muss sie aus Indien gekommen sein); dann kommt eine lange flache Glasperle aus Afrika (der Stamm der Tegumai hat sie im Kampf erbeutet); dann zwei Tonperlen (weiß-grün), eine mit Punkten, die andere mit Punkten und Streifen; die nächsten sind drei arg angestoßene Bernsteinstückchen; dann drei Tonperlen (rot-weiß), zwei mit Punkten, und die große in der Mitte mit einem Zähne-Muster. Dann fangen die Zeichen an, und zwischen den einzelnen Zeichen ist eine kleine weißliche Tonperle, die das Zeichen klein wiederholt. Hier sind die Zeichen:

A ist in einen Zahn gekratzt – einen Elchzahn, glaube ich.
B ist der heilige Biber der Tegumai auf einem Stück alten Elfenbeins.
C ist eine perlige Austernschale – die Innenseite.
D muss eine Art Muschelschale sein – die Außenseite.
E ist ein gebogenes Stück Silberdraht.
F ist zerbrochen, aber was noch bleibt, ist ein Stück Hirschhorn.
G ist mit Schwarz auf ein Stück Holz gemalt. (Die Perle hinter G ist eine kleine Muschelschale, keine Tonperle. Ich weiß nicht, warum sie das so gemacht haben.)
H ist eine Art große braune Kaurimuschel.
I ist die Innenseite einer langen Muschelschale, mit der Hand abgeschliffen. (Fürs Abschleifen hat Tegumai drei Monate gebraucht.)
J ist ein Perlmutt-Angelhaken.
L ist der zerbrochene Speer, in Silber. (Natürlich müsste nach J das K kommen, aber die Kette ist einmal gerissen, und sie wurde falsch geflickt.)
K ist ein dünner Knochensplitter, bekratzt und schwarz eingerieben.
M ist auf einer blassgrauen Schale.
N ist ein Stück von etwas, das Porphyr heißt, und darauf wurde eine Nase eingeritzt. (Tegumai hat fünf Monate damit zugebracht, diesen Stein zu polieren.)
O ist ein Stück Austernschale mit einem Loch in der Mitte.
P und Q fehlen. Sie gingen vor langer Zeit in einem großen Krieg verloren, und der Stamm hat die Kette mit den trockenen Klappern einer Klapperschlange geflickt, aber keiner fand je P und Q. Damals gab es dann das Sprichwort: »Du musst auf deine Ps und Qs aufpassen.«
R ist natürlich einfach ein Haifischzahn.
S ist eine kleine Silberschlange.
T ist das Ende eines kleinen Knochens, braun und glänzend poliert.

U ist noch ein Stück Austernschale.
W ist ein zwirbeliges Stück Perlmutt, das sie in einer großen Perlmuttschale fanden und mit einem in Sand und Wasser getauchten Draht abgesägt haben. Taffy hat eineinhalb Monate gebraucht, um es zu polieren und die Löcher zu bohren.
X ist Silberdraht, in der Mitte durch einen Rohgranat verbunden. (Den Granat hat Taffy gefunden.)
Y ist der Karpfenschwanz in Elfenbein.
Z ist ein glockenförmiges Stück Achat, besetzt mit z-förmigen Streifen. Aus einem der Streifen wurde die Z-Schlange gemacht, indem der weiche Stein entfernt und roter Sand und Bienenwachs eingerieben wurden. Genau in der Öffnung der Glocke kannst du die Tonperle sehen, die das Z-Zeichen wiederholt.

Das sind alle Zeichen.
Die nächste Perle ist ein kleines rundes grünliches Klümpchen Kupfererz; die nächste ein Klümpchen Rohtürkis; die nächste ein rohes Goldnugget (man nennt es Wassergold); die nächste eine melonenförmige Tonperle (weiß mit grünen Flecken). Dann kommen vier flache Elfenbeinstückchen mit Punkten, so ähnlich wie Dominosteine; dann drei Steinperlen, sehr abgegriffen; dann zwei weiche Eisenperlen mit Rostlöchern an den Kanten (die müssen magisch gewesen sein, weil sie zu gewöhnlich aussehen); und zuletzt eine sehr alte afrikanische Perle, wie aus Glas – blau, rot, weiß, schwarz und gelb. Dann kommt die Schlinge, die über den großen Silberknopf am anderen Ende gestreift wird, und das ist alles.

Ich habe die Halskette sehr sorgfältig abgemalt. Sie wiegt ein Pfund und siebeneinhalb Unzen. Das schwarze Gewusel dahinter ist nur da, damit die Perlen und die anderen Sachen besser aussehen.

Vom ganzen Stamm der Tegumai,
der hier gedieh, blieb keine Spur;
vom Berg ertönt ein Kuckucksschrei,
sonst Sonnenschein und Stille nur.

Doch wie das Jahr treu wiederkehrt,
und wie, geheilt, ein Herz neu singt,
kommt Taffy tanzend, unbeschwert,
wenn sie den neuen Frühling bringt.

Und in ihr goldnes Elfenhaar
flicht sie aus Blüten einen Kranz,
die Augen diamantenklar
und blauer als der Himmelsglanz.

In Mokassins und Hirschhautkleid –
wie furchtlos, frei und froh sie läuft!
Ihr Feuer lodert, dass ganz weit
ihr Papi sehn soll, wo sie läuft.

Denn fern von ihr geht Tegumai –
so schrecklich fern, dass sie ihn gar
nicht rufen kann, und sucht allein
die Tochter, die ihm alles war.

Die Tabu-Geschichte

Tegumai Bopsulai und seine liebe Tochter Taffimai Metallumai hatten viele wichtige Dinge, aber am wichtigsten waren die Tabus von Tegumai, und die waren allesamt Bopsulai.

Lausch und merk auf und bedenke, o Bestgeliebtes, denn wir wissen Bescheid über Tabus, du und ich.

Als Taffimai Metallumai (aber du darfst sie ruhig weiter Taffy nennen) mit Tegumai in den Wald hinausging, um zu jagen, da hielt sie nie still. Sie hielt sehr unstill. Sie tanzte im Laub herum, o ja. Sie brach morsche Äste ab, o ja. Sie rutschte an Hügeln und Gruben herum, o ja – Steinbrüchen und Kiesgruben, o ja. Sie platschte durch Sumpf und Moor, o ja; und sie machte schrecklichen Lärm.

Alle Tiere, die sie jagten – Eichhörnchen, Biber, Otter, Dachse und Hirsche und die Kaninchen –, alle wussten deshalb, wenn Taffy und ihr Papi ankamen, und sie liefen weg. Da sagte Taffy: »Tut mir furchtbar leid, lieber Papi.« Da sagte Tegumai: »Was nützt das denn, dieses Leidtun? Die Eichhörnchen sind weg, die Biber sind untergetaucht, die Hirsche fortgesprungen und die Kaninchen tief in ihren Bauten. Du müsstest verhauen werden, o Tochter von Tegumai, und das würde ich auch tun, wenn ich dich nicht lieb hätte.« In diesem Moment sah er ein Eichhörnchen um den Stamm einer Esche lugen und grinsen, und er sagte: »Psst! Da ist unser Mittagessen, Taffy, wenn wir bloß ganz leise sind.«

Taffy sagte: »Wo? Wo denn? Zeig's mir! Zeig's mir mal!« Das sagte sie mit einem Krächze-Ächze-Flüstern, bei dem sogar ein Dampfross sich erschrocken hätte, und sie wuselte im Farn herum, weil sie ja ein leicht erregbares Kind war; und das Eichhörnchen flitschte seinen Schwanz und sauste los, mit großen weiten Hüpfehupfern, und bis es anhielt, war es schon mitten im nächsten Wald.

Tegumai war ernstlich böse. Er stand ganz still und überlegte, was wohl am besten wäre – Taffy kochen oder Taffy häuten oder Taffy hauen oder ihr die Haare abschneiden oder sie einmal ungeküsst ins Bett stecken; und während er überlegte, kam durch den Wald der Haupt-Häuptling des Stammes der Tegumai mit all seinen Adlerfedern.

Er war der Haupt-Häuptling der hohen und niederen und mittleren Medizin für den ganzen Stamm der Tegumai, und er und Taffy waren dicke Freunde.

Er sagte zu Tegumai: »Was ist los, o Haupt aller Bopsulai? Du kuckst so böse.«

»Ich bin böse«, sagte Tegumai, und er erzählte dem Haupt-Häuptling alles über Taffys Unstille im Wald; und wie sie das Wild erschreckte; und wie sie in Sümpfe fiel, weil sie beim Laufen hinter sich kuckte; und wie sie von Bäumen fiel, weil sie sich nicht auf beiden Seiten gut festhielt; und wie sie ganz grüne Beine kriegte von der Entengrütze auf Teichen und Pfützen, die sie pladderpladder mitbrachte in die Höhle.

Der Haupt-Häuptling schüttelte den Kopf, bis die Adlerfedern und die kleinen Muscheln auf seiner Stirn rasselten, und dann sagte er: »Na schön! Darum kümmere ich mich später. Ich wollte Wichtiges mit dir bereden, o Tegumai.«

»Sprich, o Haupt-Häuptling«, sagte Tegumai; und sie setzten sich beide höflich hin.

»Bemerke und merke auf, o Tegumai«, sagte der Haupt-Häuptling. »Der Stamm der Tegumai fischt jetzt schon lange im Wagai-Fluss, sehr lange, und sehr viel zu viel. Deshalb gibt es da jetzt kaum noch richtig große Karpfen, und sogar die kleinen Karpfen schwimmen weg. Was hältst du davon, den Fluss mit dem großen Stammes-Tabu zu belegen, damit die nächsten sechs Monate keiner mehr darin fischt?«

»Das ist ein guter Plan, o Haupt-Häuptling«, sagte

Tegumai. »Aber was soll die Folge sein, wenn jemand von unseren Leuten das Tabu bricht?«

»Die Folge wird sein, o Tegumai«, sagte der Haupt-Häuptling, »dass wir es denen beibringen werden, mit Stöcken und Brennnesseln und Lehmklumpen; und wenn das nicht reicht, werden wir ihnen freihändig feine Stammesmuster auf den Rücken malen, mit den scharfen Kanten von Muschelschalen. Komm mit, o Tegumai, wir wollen das Stammes-Tabu über den Wagai-Fluss verkünden.«

Dann gingen sie zum Haupthaus des Haupt-Häuptlings, wo aller Stammeszauber der Tegumai hingehört; und sie holten den großen Stammes-Tabu-Pfahl, der aus Holz war, mit dem Bild des Bibers des Tegumai-Stammes und der anderen Tiere obendrauf geschnitzt, und unten drunter alle Tabu-Zeichen.

Dann riefen sie den Stamm der Tegumai herbei, mit dem großen Stammes-Horn, das brüllt und röhrt, und der mittelgroßen Stammes-Muschel, die quiekt und quäkt, und der kleinen Stammes-Trommel, die rappt und tappt.

Sie machten wunderschönen Krach, und Taffy durfte die kleine Stammes-Trommel schlagen, weil sie und der Haupt-Häuptling dicke Freunde waren.

Als der ganze Stamm vor dem Haus des Haupt-Häuptlings versammelt war, stand der Haupt-Häuptling auf und sagte und sang: »O Stamm der Tegumai!

Im Wagai-Fluss ist zu viel gefischt worden, und die Karpfen kriegen Angst. Sechs Monate lang darf keiner im Wagai-Fluss fischen. Er ist tabu, auf beiden Seiten und in der Mitte; auf allen Inseln und Schlammbänken. Es ist tabu, einen Fisch-Speer näher als zehn Männerschritte ans Flussufer zu bringen; es ist tabu, es ist tabu, es ist ganz besonders tabu, o Stamm der Tegumai! Es ist tabu für diesen Monat und den nächsten Monat und den nächsten Monat und den nächsten Monat und den nächsten Monat und den nächsten Monat. Jetzt geht los und stellt den Tabu-Pfahl am Fluss auf, und niemand soll so tun, als ob er es nicht verstanden hätte!«

Da brüllte der ganze Stamm der Tegumai, und sie stellten den Tabu-Pfahl ans Ufer des Wagai-Flusses, und rasch liefen sie beide Ufer hinab (die Hälfte des Stammes auf der einen Seite, die andere Hälfte auf der anderen) und jagten alle kleinen Jungen fort, die nicht zur Versammlung gekommen waren, weil sie im Fluss Krebse gesucht hatten, und dann lobten sie alle den Haupt-Häuptling und Tegumai Bopsulai.

Danach ging Tegumai nach Hause, aber Taffy blieb beim Haupt-Häuptling, weil sie so dicke Freunde waren. Sie war sehr erstaunt. Sie hatte noch nie gesehen, wie etwas mit einem Tabu belegt wird, und sie sagte zum Haupt-Häuptling: »Was bedeutet Tabu eigentlich genau?«

Das ist ein Bild vom Totempfahl des Stammes, als er am Ufer des Wagai-Flusses aufgestellt worden war. Das fette Ding oben ist der Stammes-Biber des Stammes der Tegumai. Er ist aus Lindenholz geschnitzt, und man kann zwar keine Nägel sehen, aber er ist auf den übrigen Pfahl genagelt, der aus einem Stück besteht. Unter dem Biber sind vier Vögel – zwei Enten, von denen eine ein Ei betrachtet, ein Spatzenvogel und einer, dessen Namen ich nicht kenne. Darunter ist ein Kaninchen, unter dem Kaninchen ein Wiesel, unter dem Wiesel ein Fuchs oder Hund (ich bin da nicht ganz sicher), und unter dem Hund zwei Fische. Auf der anderen Seite des Pfahls sind ein Otter, ein Dachs, ein Bison und ein Wildpferd. Der Strick, der den Pfahl hält, läuft unter den Fischen entlang. Das zeigt, dass dieses Tabu ein Fisch-Tabu ist. Wenn der Haupt-Häuptling ein Tabu gewollt hätte, damit der Stamm keine Kaninchen oder Enten tötet, dann hätte er den Strick neben dem geschnitzten Kaninchen oder der Ente festgemacht. Und genauso für die anderen Tiere und Vögel.

Die beiden schwarzen Gestalten unter dem Strick bedeuten den Bösen-Mann-der-kein-Tabu-achtete und ganz knubbelig und fies wurde und den Guten-Mann-der-Tabus-achtete und dick und rund wurde. Sie sind auf den Pfahl gemalt mit einer Farbe aus Galläpfeln und zerriebenen Eisenstückchen. Ganz unten am Pfahl (aber dafür war nicht mehr genug Platz auf dem Bild) sind sechs Kupferringe, die zeigen, dass das Tabu sechs Monate gelten sollte.

Du siehst, dass im Wald und in den Bergen dahinter niemand ist. Und zwar deshalb, weil das Tabu ein starkes Tabu ist, das niemand brechen mag.

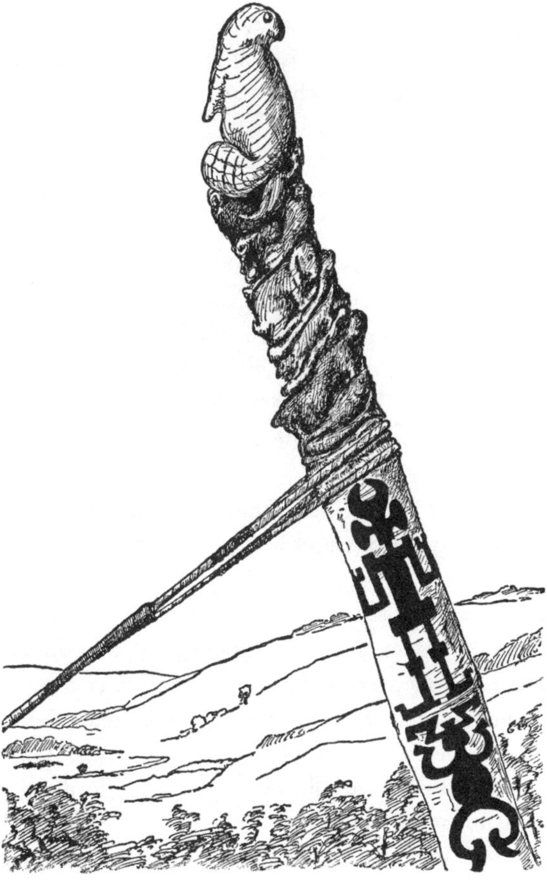

Der Haupt-Häuptling sagte: »Tabu bedeutet erst dann etwas, wenn du es brichst, o einzige Tochter von Tegumai; aber wenn du es brichst, bedeutet es Stöcke und Brennnesseln und freihändig fein mit scharfen Kanten von Muschelschalen auf deinen Rücken gemalte Stammesmuster.«

Da sagte Taffy: »Ob ich wohl ein Tabu für mich haben könnte – ein winzig kleines Tabu zum Spielen?«

Da sagte der Haupt-Häuptling: »Ich gebe dir ein kleines Tabu ganz für dich allein, und zwar, weil du die Bilderschrift gemacht hast, aus der eines Tages das Abc werden wird.« (Du weißt doch noch, wie Taffy und Tegumai das Alphabet erfunden haben? Deshalb waren sie und der Haupt-Häuptling so dicke Freunde.)

Er nahm eine seiner magischen Halsketten ab – davon hatte er zweiundzwanzig –, und die bestand aus rosa Korallenstückchen, und er sagte: »Wenn du diese Kette auf etwas legst, was dir ganz allein gehört, dann darf niemand dieses Ding berühren, bis du die Kette wieder wegnimmst. Das klappt aber nur in deiner eigenen Höhle; und wenn du Sachen von dir wo rumliegen lässt, wo sie nicht hingehören, dann klappt das mit dem Tabu erst dann, wenn du alles an seinen Platz zurückgelegt hast.«

»Also ganz herzlichen Dank«, sagte Taffy. »Und

was glaubst du, was das mit meinem Papi anstellen wird?«

»Das weiß ich nicht genau«, sagte der Haupt-Häuptling. »Vielleicht wirft er sich auf den Boden und schreit, oder er kriegt Krämpfe, oder er fällt einfach um, oder er tut drei trübsinnige Schritte und sagt trübsinnige Worte, und dann darfst du ihn dreimal an den Haaren ziehen, wenn du magst.«

»Und was wird es mit meiner Mami anstellen?«, sagte Taffy.

»Es gibt keine Tabus gegen die Mamis von Leuten«, sagte der Haupt-Häuptling.

»Warum nicht?«, sagte Taffy.

»Wenn es Tabus gegen Mamis von Leuten gäbe, könnten die Mamis von Leuten Tabus auf Frühstücke legen, und auf Mittagessen und Abendessen, und das wäre ganz schlimm für den Stamm. Vor ganz, ganz langer Zeit hat der Stamm beschlossen, keine Tabus auf Mamis von Leuten zu legen, nirgendwo und aus keinem Grund.«

»Also«, sagte Taffy, »weißt du, ob vielleicht mein Papi selber irgendwelche Tabus hat, die etwas mit mir anstellen können – wenn ich zufällig ein Tabu brechen würde?«

»Du willst mir doch wohl nicht erzählen«, sagte der Haupt-Häuptling, »dass dein Papi dir noch nie ein Tabu auferlegt hat?«

»Nein«, sagte Taffy, »er sagt bloß ›Lass das‹ und wird böse.«

»Ah! Ich glaube, er hat dich einfach immer für ein Kind gehalten«, sagte der Haupt-Häuptling. »Also, wenn du ihm zeigst, dass du selber ein ganz richtiges Tabu für dich allein hast, dann wär ich nicht überrascht, wenn er dir ein paar Tabus auferlegte.«

»Danke schön«, sagte Taffy; »aber ich habe einen kleinen Garten, ganz für mich, vor der Höhle, und wenn es dir nichts ausmacht, möchte ich dich bitten, dieses Halsketten-Tabu so zu machen, dass ich es an die wilden Rosen vorn im Garten hängen kann und dass Leute, die reingehen, erst wieder rauskommen können, wenn sie gesagt haben, dass es ihnen leidtut.«

»Aber natürlich, klar«, sagte der Haupt-Häuptling. »Natürlich kannst du deinen eigenen Garten mit einem Tabu belegen.«

»Danke sehr«, sagte Taffy; »und jetzt geh ich heim, um zu sehen, ob das Tabu auch wirklich wirkt.«

Als sie zur Höhle zurückkam, war es beinahe Zeit zum Mittagessen; und als sie zur Tür kam, sagte ihre liebe Mami Teshumai Tewindrow nicht: »Wo hast du denn gesteckt, Taffy?«, sondern: »O Tochter von Tegumai! Komm herein und iss!«, als ob sie eine Erwachsene wäre. Das tat sie, weil sie eine Tabu-Kette an Taffys Hals sah.

Ihr Papi saß vor dem Feuer und wartete aufs Essen, und er sagte genau dasselbe, und Taffy kam sich sehr wichtig vor.

Sie schaute sich in der Höhle um, um nachzusehen, ob ihre Sachen (ihr eigener Nähbeutel aus Otterfell, mit den Haifischzähnen und Nadeln aus Knochen und Fäden aus Hirschsehnen; ihre Schlamm-Schuhe aus Birkenrinde; ihr Speer und ihr Wurfstock und ihr Speisenkorb) alle am richtigen Platz waren, und dann streifte sie ganz schnell ihre Tabu-Kette ab und hängte sie über den Henkel des kleinen hölzernen Wassereimers, mit dem sie immer Wasser holte.

Dann sagte ihre Mami ganz nebenbei zu Tegumai, ihrem Papi: »O Tegumai! Könntest du uns wohl ein wenig frisches Trinkwasser zum Essen holen?«

»Natürlich«, sagte Tegumai, und er sprang auf und hob Taffys Eimer mit der Tabu-Kette daran hoch. Sofort fiel er platt auf den Boden und schrie; dann rollte er sich zusammen und kugelte durch die Höhle; dann stand er auf und schlug ein paar Mal mit den Armen.

»Mein Lieber«, sagte Teshumai Tewindrow, »mir scheint, dass du irgendwie ein Tabu von jemandem ziemlich schlimm gebrochen hast. Tut es weh?«

»Furchtbar«, sagte Tegumai. Er machte drei trübsinnige Schritte, legte den Kopf auf die Seite und schrie: »Ich brach Tabu! Ich brach Tabu! Ich brach Tabu!«

»Taffyliebes, das muss dein Tabu sein«, sagte Teshumai Tewindrow. »Zieh ihn lieber dreimal an den Haaren, sonst muss er bis heute Abend weiterschreien; und du weißt doch, wie das ist, wenn Papi erst mal richtig loslegt.«

Tegumai bückte sich, und Taffy zog ihn dreimal an den Haaren; und er wischte sich das Gesicht und sagte: »Mein Stammes-Ehrenwort! Das ist aber ein furchtbar starkes Tabu, das du da hast, Taffy. Woher hast du es?«

»Der Haupt-Häuptling hat es mir gegeben. Er hat gesagt, du würdest Krämpfe und Flattern kriegen, wenn du es brichst«, sagte Taffy.

»Da hatte er ganz recht. Aber er hat dir nichts von Zeichen-Tabus erzählt, oder?«

»Nein«, sagte Taffy. »Er hat gesagt, wenn ich dir zeige, dass ich selber ein ganz richtiges Tabu für mich allein habe, würdest du mir wahrscheinlich ein paar richtige Tabus auferlegen.«

»Das stimmt, o meine einzige liebe Tochter«, sagte Tegumai. »Ich will dir ein paar Tabus geben, da wirst du nur noch staunen – Brennnesseltabus, Zeichentabus, Schwarzweiße Tabus – Dutzende Tabus. Jetzt schau genau hin. Weißt du, was das bedeutet?«

Tegumai wibbelte mit seinem Zeigefinger in der Luft wie eine Schlange. »Das ist ein Tabu gegen Rumzappeln beim Essen. Es ist ein wichtiges Tabu, und wenn du es brichst, dann kriegst du entweder Krämpfe – wie ich –, oder ich muss dich ganz schlimm verdreschen.«

Taffy saß beim Essen ganz still, und danach hob Tegumai die rechte Hand, die Finger ganz eng beieinander. »Das ist das Stille-Tabu, Taffy. Wenn ich so mache, musst du sofort mit allem aufhören, was du gerade machst. Beim Nähen musst du aufhören, auch mit der Nadel halb im Hirschfell. Beim Gehen musst du stehen bleiben, auch auf einem Fuß. Beim Klettern musst du anhalten, auch auf einem Ast. Du darfst dich nicht bewegen, bis du siehst, dass ich so mache.«

Tegumai hob die rechte Hand und wedelte damit zwei- oder dreimal vor seinem Gesicht. »Das ist das Zeichen für Weitermachen. Wenn du siehst, dass ich so mache, kannst du mit allem weitermachen.«

»Gibt es denn für das Tabu keine Halsketten?«, sagte Taffy.

»Doch. Natürlich gibt es eine schwarz-rote Kette, aber ich kann doch nicht jedes Mal durchs Farn trampeln, um dir eine Stille-Tabu-Kette zu geben, wenn ich einen Hirsch oder ein Kaninchen sehe und möchte, dass du stillhältst«, sagte Tegumai. »Ich dachte, du wärst eine bessere Jägerin. Vielleicht muss ich ja sogar einen Moment, nachdem ich dir das Stille-Tabu auferlegt habe, einen Pfeil über deinen Kopf wegschießen.«

Das ist das Bild, das der Haupt-Häuptling davon machte, wie Taffy das Stille-Tabu einhielt. Es ist gemacht in der Haupt-Häuptlings-Art des Stammes der Tegumai, und es ist voll von Tabuzeichen und Bedeutungen. Der Wolf liegt unter etwas, was ein Tabu-Baum sein soll. Er sieht eckig aus, weil der Haupt-Häuptling immer so gezeichnet hat. Das ganze wuselige Kräuselzeug darunter ist die Tabu-Art, Gras zu malen, und unter dem Gras das Ding wie eine Steinmauer ist die Tabu-Art, Erde zu malen. Taffy ist immer in Umrissen gezeichnet – ganz weiß, du siehst sie weit rechts, wie sie gerade das Stille-Tabu beachtet. Ich weiß nicht, warum die Wasserratte, die sie trug, nicht gemalt ist, aber ich glaube, das kommt davon, dass die auf dem Bild nicht sehr schön ausgesehen hätte. Tegumai steht ganz links und wirft gerade sein Beil nach dem Wolf. Er trägt einen Mantel, der bestickt ist mit dem heiligen Biber des Stammes als Muster – das soll zeigen, dass er zum Stamm der Tegumai gehört. Er hat einen Köcher, in dem zwei Pfeile und ein Bogen stecken, als Zeichen dafür, dass er auf der Jagd ist. Mit der linken Hand macht er das Zeichen für Stille-Tabu. Oben rechts in der Ecke siehst du den Haupt-Häuptling in Taffys Garten stehen und seine Axt nach dem Wolf werfen. Das ist kein Abbild des Haupt-Häuptlings, sondern eine Art Bilderschrift für alle und sämtliche Haupt-Häuptlingsschaft. Die eckige Mütze und die Federn dahinter zeigen, dass es ein Haupt-Häuptling ist, und der heilige Biber auf dem Rand seines Mantels zeigt, dass er der Haupt-Häuptling der Tegumai ist. Er hat kein Gesicht, weil das Gesicht eines Haupt-Häuptlings unwichtig ist.

Der Doppelkopf-Biber mitten in Taffys Garten zeigt, dass auf dem Garten ein Tabu liegt; deshalb konnte ja der Haupt-Häuptling nicht raus. Die schwarze Tür links ist wohl die Tür zu Taffys Höhle, und die Stufendinger dahinter sind Berge und Felsen, auf Tabu-Art gemalt. Die Kräuseldinger unter den acht Rosen in Töpfen sind die Tabu-Art, kurzes Gras und Rasen zu malen.

Das ist ein Bild, das eigentlich bunt sein sollte, weil ohne Farben die Hälfte der Bedeutung von allem verloren geht.

»Aber wie soll ich dann wissen, worauf du schießt?«, sagte Taffy.

»Achte auf meine Hand«, sagte Tegumai. »Du weißt doch, dass ein Hirsch drei kleine Sprünge macht, ehe er richtig losrennt – so.« Er krümmte den Zeigefinger dreimal in der Luft, und Taffy nickte. »Wenn du siehst, wie ich das mache, dann weißt du, wir haben einen Hirsch gefunden. Ein leichtes Wackeln mit dem Zeigefinger bedeutet ein Kaninchen.«

»Ja. Kaninchen laufen so«, sagte Taffy und wackelte genauso mit dem Zeigefinger.

»Eichhörnchen ist ein langes Kletterzwirbeln in der Luft. So!«

»Genau wie Eichhörnchen Bäume hochwetzen. Aha«, sagte Taffy.

»Otter ist eine lange, sanfte Welle geradeaus durch die Luft – so.«

»Wie Otter in einem Teich schwimmen. Aha«, sagte Taffy.

»Und Biber ist so, als ob ich jemanden mit der flachen Hand verhaue.«

»Wie Biber mit dem Schwanz aufs Wasser hauen, wenn sie erschreckt werden. Ah-ha.«

»Das sind aber keine Tabus. Das sind nur Zeichen, um dir zu zeigen, was ich jage. Das Stille-Tabu ist das, was du wirklich beachten musst; es ist nämlich ein großes Tabu.«

»Auch ich kann das Stille-Tabu auferlegen«, sagte Teshumai Tewindrow, die gerade Hirschfelle aneinandernähte. »Ich kann es dir auferlegen, Taffy, wenn du zu wild bist, um ins Bett zu gehen.«

»Was passiert, wenn ich es breche?«, sagte Taffy.

»Du darfst ein Tabu nicht brechen – höchstens durch Zufall.«

»Ich meine ja nur, wenn«, sagte Taffy.

»Dann würdest du deine eigene Tabu-Kette verlieren. Du müsstest sie dem Haupt-Häuptling zurückbringen und würdest wieder ganz einfach Taffy genannt werden, statt Tochter des Tegumai. Vielleicht würden wir dir auch einen anderen Namen geben, etwa Tabumai Skellumzulai – Das-schlimme-Ding-das-Tabus-nicht-beachten-kann –, und wahrscheinlich würdest du einen ganzen Tag und eine Nacht lang keinen Kuss kriegen.«

»Hmm!«, sagte Taffy. »Ich finde Tabus überhaupt nicht lustig.«

»Na, dann bring deine Tabu-Halskette dem Haupt-Häuptling zurück und sag ihm, du willst wieder ein kleines Kind sein, o einzige Tochter des Tegumai!«, sagte ihr Papi.

»Nein«, sagte Taffy. »Erzähl mir mehr über Tabus. Kann ich nicht noch ein paar eigene haben – ganz für mich –, starke Tabus, wovon die Leute Stammesanfälle kriegen?«

»Nein«, sagte ihr Papi. »Du bist noch nicht alt genug, dass du den Leuten Stammesanfälle geben dürftest. Die rosa Halskette da reicht vorerst mal völlig.«

»Dann erzähl mir mehr über Tabus«, sagte Taffy.

»Aber ich bin müde, Töchterlein. Ich verhänge jetzt einfach ein Tabu, dass keiner mit mir reden darf, bis die Sonne hinter dem Berg da steht, und heute Abend gehen wir los und versuchen, Kaninchen zu fangen. Frag Mami wegen der anderen Tabus. Ich bin ganz erleichtert, dass du ein Tabu-Mädchen bist, weil ich dir jetzt alles nur noch einmal zu sagen brauche.«

Taffy redete leise mit ihrer Mami, bis die Sonne an der richtigen Stelle stand. Dann weckte sie Tegumai, und sie machten all ihre Jagdsachen fertig und gingen hinaus in den Wald. Aber als sie vor der Höhle an Taffys kleinem Garten vorbeikamen, nahm Taffy ihre Tabu-Kette ab und hängte sie an einen Rosenstrauch. Die Grenze des Gartens war nur mit weißen Steinen gekennzeichnet, aber für sie war die Rose das eigentliche Gartentor, und das wusste der ganze Stamm.

»Was meinst du denn, wen du fangen wirst?«, sagte Tegumai. »Abwarten, bis wir zurückkommen«, sagte Taffy. »Der Haupt-Häuptling hat gesagt, wer das Tabu bricht, muss in meinem Garten bleiben, bis ich ihn hinauslasse.«

Sie gingen weiter durch den Wald und überquerten den Wagai-Fluss auf einem umgestürzten Baum, und dann kletterten sie hoch auf den Gipfel eines hohen kahlen Berges, wo es im Farn viele Kaninchen gab.

»Denk dran, dass du jetzt ein Tabu-Mädchen bist«, sagte Tegumai, als Taffy anfing, herumzuflitzen und Fragen zu stellen, statt Kaninchen zu jagen; und er machte das Zeichen des Stille-Tabus, und Taffy blieb stehen, als ob sie ganz zu Stein geworden wäre. Sie hatte sich gerade gebückt, um einen Schnürsenkel zu binden, und sie blieb still stehen, mit der Hand am Schuhriemen (wir kennen die Sorte Tabu, nicht wahr, Bestgeliebtes?), und sah nur ihren Papi ganz scharf an, wie man es immer tun muss, wenn das Stille-Tabu verhängt ist. Als er ein großes Stück weitergegangen war, wandte er sich um und machte das Zeichen für Weitermachen. Da ging sie leise weiter durchs Farn und blickte immer zu ihrem Papi, und vor ihr sprang ein Kaninchen auf. Sie wollte gerade ihren Stock werfen, als sie sah, dass Tegumai das Zeichen für Stille-Tabu machte, und sie blieb stehen, mit halb offenem Mund und erhobenem Wurfstock. Das Kaninchen rannte zu Tegumai, und Tegumai fing es. Dann kam er durch den Farn herbei und gab ihr einen Kuss und sagte: »So was nenn ich eine vortreffliche Mädchentochter. Es macht jetzt wirklich Spaß, mit dir zu jagen, Taffy.«

Kurze Zeit später sprang ein Kaninchen auf, wo Tegumai es nicht sehen konnte, wohl aber Taffy, und sie wusste, es würde zu ihr laufen, wenn Tegumai es nicht erschreckte; deshalb hob sie die Hand, machte das Kaninchen-Zeichen (damit er wusste, dass sie es ernst meinte) und legte das Stille-Tabu auf ihren eigenen Papi! Hat sie gemacht, wirklich, Bestgeliebtes!

Tegumai blieb stehen, einen Fuß halb erhoben, um über einen alten Baumstamm zu klettern. Das Kaninchen rannte an Taffy vorbei, und Taffy erlegte es mit ihrem Wurfstock; sie war aber so aufgeregt, dass sie volle zwei Minuten lang vergaß, das Stille-Tabu wieder aufzuheben, und die ganze Zeit stand Tegumai da auf einem Bein und wagte nicht, seinen anderen Fuß auf den Boden zu setzen. Dann kam er zu ihr und küsste sie und warf sie hoch in die Luft und nahm sie auf seine Schulter und tanzte und sagte: »Mein Stammes-Ehrenwort und Stammeszeugnis! Das nenne ich eine Tochter, die wirklich eine Tochter ist, o einzige Tochter von Tegumai!« Und Taffy war ganz fürchterbar und wunderköstlich geschmeichelt.

Es war fast dunkel, als sie heimgingen. Sie hatten fünf Kaninchen und zwei Eichhörnchen, außerdem eine Wasserratte. Taffy wollte das Fell der Wasserratte als Börse für Muschelgeld. (Damals mussten die Leute Wasserratten erlegen, weil man keine Börsen kaufen konnte, aber wir wissen ja, dass heutzutage Wasserratten für dich und mich genauso tabu sind wie alles andere Lebendige.)

»Ich habe dich wohl ein bisschen zu lange draußen gelassen«, sagte Tegumai, als sie beinahe zu Hause waren, »und Mami wird das gar nicht gefallen. Lauf nach Hause, Taffy! Das Höhlenfeuer kannst du ja von hier aus schon sehen.«

Taffy lief los, und genau in dem Moment hörte Tegumai etwas in den Büschen knistern, und ein großer hagerer grauer Wolf sprang heraus und trabte leise hinter Taffy her.

Nun hassten alle Tegumai-Leute Wölfe und töteten sie, wo es nur ging, und Tegumai hatte noch nie einen so nah bei seiner Höhle gesehen.

Er eilte hinter Taffy her, aber der Wolf hörte ihn und sprang ins Gebüsch zurück. Diese Wölfe fürchteten sich vor Erwachsenen, aber sie schnappten sich oft Kinder aus dem Stamm. Taffy schlenkerte mit der Wasserratte und sang vor sich hin – ihr Papi hatte alle Tabus aufgehoben –, deshalb bemerkte sie nichts.

Dicht bei der Höhle lag eine kleine Wiese, und vor dem Höhleneingang sah Taffy einen großen Mann in ihrem Rosengarten stehen, aber es war zu dunkel, um ihn zu erkennen.

»Ich glaube, meine Tabu-Kette hat wirklich jemanden gefangen«, sagte sie, und sie wollte eben hinrennen und nachsehen, als sie ihren Papi sagen hörte: »Still, Taffy! Stille-Tabu, bis ich es aufhebe!«

Sie blieb stehen, wo sie war – die Wasserratte in einer Hand und den Wurfstock in der anderen –, wandte nur den Kopf ihrem Papi zu, um bereit zu sein für das Zeichen »Weitermachen«.

Es war das längste Stille-Tabu, das sie den ganzen Tag erlebt hatte. Tegumai war zurück an den Waldrand gegangen und hielt sein Wurfbeil aus Stein in der einen Hand, und mit der anderen machte er das Zeichen für Stille-Tabu.

Dann glaubte sie, etwas Schwarzes von der Seite her durchs Gras auf sich zukriechen zu sehen. Es kam näher und näher, dann zog es sich ein bisschen zurück, dann kroch es wieder heran.

Dann hörte sie das steinerne Wurfbeil ihres Papis an ihrer Schulter vorbeisirren wie ein Rebhuhn, und gleichzeitig sirrte noch ein Beil aus ihrem Rosengarten; und es ertönte ein Jaulen, und ein großer grauer Wolf lag zuckend im Gras, ganz tot.

Dann hob Tegumai sie hoch und küsste sie siebenmal und sagte: »Mein Stammes-Ehrenwort und Tegumai-Zeugnis, Taffy, aber du bist wirklich eine Tochter, auf die man stolz sein kann! Hast du gewusst, was das war?«

»Ich weiß nicht genau«, sagte Taffy, »aber ich glaub, ich hab erraten, dass es ein Wolf war. Ich hab gewusst, du sorgst dafür, dass er mir nicht wehtut.«

»Braves Mädchen«, sagte Tegumai, und er bückte

sich über den Wolf und hob beide Beile auf. »Na so was, das ist das Beil vom Haupt-Häuptling«, sagte er und hielt das zauberliche Wurfbeil des Haupt-Häuptlings hoch, mit dem großen grünen Stein.

»Ja«, sagte der Haupt-Häuptling aus Taffys Rosengarten, »und ich wäre sehr dankbar, wenn du es mir zurückbrächtest. Ich wollte dich heute Nachmittag besuchen, und zufällig bin ich in Taffys Garten gegangen, ehe ich ihre Tabu-Kette an dem Rosenstrauch gesehen hab. Deshalb musste ich natürlich warten, bis Taffy heimkommt und mich rauslässt.«

Dann machte der Haupt-Häuptling mit all seinen Federn die drei trübsinnigen Schritte, den Kopf auf die Seite gelegt, und sagte: »Ich brach Tabu! Ich brach Tabu! Ich brach Tabu!«, und verbeugte sich feierlich und vornehm vor Taffy, bis die langen Adlerfedern auf seinem Kopf beinah den Boden berührten, und er sagte und sang: »O Tochter von Tegumai, ich habe alles gesehen, was geschehen ist. Du bist ein wahres Tabu-Mädchen. Ich bin sehr zufrieden mit dir. Zuerst war ich überhaupt nicht zufrieden, weil ich seit sechs Uhr in deinem Garten warten musste, und dabei weiß ich doch, dass du das Tabu nur zum Spaß auf deinen Garten gelegt hast.«

»Nein, nicht zum Spaß«, sagte Taffy. »Ich wollte wirklich sehen, ob mein Tabu wohl jemanden fängt; ich hab aber nicht gewusst, dass so ein kleines Tabu wie meins bei einem so großen Haupt-Häuptling wie dir wirkt, o Haupt-Häuptling.«

»Ich hab dir doch gesagt, es wirkt. Ich hab es dir ja selber gegeben«, sagte der Haupt-Häuptling. »Natürlich musste es wirken. Aber es macht nichts. Ich muss dir sagen, Taffy, es hätte mir nicht mal was ausgemacht, seit zwölf Uhr in deinem Garten zu warten statt seit sechs Uhr, weil ich ja dann gesehen habe, wie fein du das letzte Stille-Tabu beachtet hast, das dir dein Papi auferlegt hat. Ich gebe dir mein Häuptlingsehrenwort, Taffy, dass sehr viele Männer des Stammes das Tabu nicht so gut geachtet hätten wie du, als der Wolf durchs Gras zu dir hingekrochen ist.«

»Was willst du mit dem Wolfspelz machen, o Haupt-Häuptling?«, sagte Tegumai; denn jedes Tier, nach dem der Haupt-Häuptling sein Beil warf, gehörte gemäß der Stammessitte der Tegumai dem Haupt-Häuptling.

»Den gebe ich natürlich Taffy, für einen Wintermantel, und aus den Zähnen und Krallen mache ich ihr eine ganz besondere zauberliche Halskette«, sagte der Haupt-Häuptling; »und ich lasse die Geschichte von Taffy und dem Stille-Tabu auf Holz malen, für die Tabu-Liste des Stammes, damit alle Mädchentöchter des Stammes es sehen und wissen und sich merken und verstehen.«

Dann gingen alle drei in die Höhle, und Teshumai

Tewindrow setzte ihnen ein besonders feines Abendessen vor, und der Haupt-Häuptling nahm seine Adlerkopf-Federn und alle Ketten ab; und als es für Taffy Zeit war, in ihrer eigenen kleinen Höhle ins Bett zu gehen, kamen Tegumai und der Haupt-Häuptling herein, um Gute Nacht zu sagen, und sie tobten in der ganzen Höhle herum und schleiften Taffy auf einem Hirschfell über den Boden (ganz wie gewisse Leute sich auf einem Bettvorleger herumschleifen lassen), und am Ende warfen sie mit den Otterfell-Kissen und schmissen eine Menge alter Speere und Angelruten herunter, die an der Wand hingen.

Schließlich wurde alles so wüst, dass Teshumai Tewindrow hereinkam und sagte: »Stille! Stille-Tabu auf euch alle! Wie soll denn das Kind je einschlafen können?«

Und sie sagten ernsthaft Gute Nacht, und Taffy schlummerte ein.

Und was geschah später? Also, Taffy lernte alle Tabus, genau wie ein paar andere Leute, die wir kennen. Sie lernte das Weiße-Haifisch-Tabu, bei dem sie ihr Essen aufaß, statt damit herumzuspielen (und dazu gehört eine weiß-grüne Halskette, wie du weißt); sie lernte das Erwachsenen-Tabu, bei dem sie nicht reden durfte, wenn Steinzeitdamen zu Besuch kamen (und du weißt ja, dazu gehört eine blau-weiße Kette); sie lernte das Eulen-Tabu, bei dem sie keine Fremden anstarren durfte (und dazu gehört eine schwarz-blaue Kette); sie lernte das Offene-Hand-Tabu (und bekanntlich gehört dazu eine weiße Kette), bei dem sie nicht schnappen oder maulen durfte, wenn andere sich Sachen liehen, die ihr gehörten; und sie lernte noch fünf andere Tabus.

Aber das Wichtigste, was sie lernte, und das Einzige, was sie nie brach, nicht einmal durch Zufall, war das Stille-Tabu.

Deshalb nahm ihr Papi sie auch überall mit hin.

Der Krebs, der mit dem Meer spielte

Devor die hohen und fernen Zeiten begannen, o mein Bestgeliebtes, war die Zeit der ersten Anfänge; und das war in den Tagen, als der Älteste Zauberer die Dinge fertig machte. Zuerst machte er die Erde fertig; dann machte er das Meer fertig; und dann sagte er allen Tieren, sie könnten herauskommen und spielen. Und die Tiere sagten: »O Ältester Zauberer, was sollen wir denn spielen?« Und er sagte: »Ich zeig es euch.« Er nahm den Elefanten – Aller-Elefant – und sagte: »Spiel, dass du ein Elefant bist«, und Aller-Elefant spielte. Er nahm den Biber – Aller-Biber – und sagte: »Spiel, dass du ein Biber bist«, und Aller-Biber spielte. Er nahm die Kuh – Alle-Kuh – und sagte: »Spiel, dass du eine Kuh bist«, und Alle-Kuh spielte. Er nahm die Schildkröte – Alle-Schildkröte – und sagte: »Spiel, dass du eine Schildkröte bist«, und Alle-Schildkröte spielte. Eines nach dem anderen nahm er alle Tiere und Vögel und Fische und sagte ihnen, was sie spielen sollten.

Aber gegen Abend, wenn die Leute und Dinge immer unruhig und müde werden, da kam der Mensch-Mann (mit seiner eigenen kleinen Mädchentochter?) – ja, mit seiner eigenen kleinen bestgeliebten Mädchentochter, die auf seinen Schultern saß, und er sagte: »Was ist das für ein Spiel, Ältester Zauberer?« Und der Älteste Zauberer sagte: »Ho, Sohn des Adam, das ist das Spiel vom ersten Anfang; aber du bist zu klug für dieses Spiel.« Und der Mann grüßte und sagte: »Ja, ich bin zu klug für dieses Spiel; aber mach es so, dass alle Tiere mir gehorchen.«

Während die beiden nun miteinander redeten, verdrückte sich Pau Amma, der Krebs, der als Nächster mit Spielen dran gewesen wäre, zur Seite und stieg ins Meer und sagte sich: »Ich will mein Spiel allein spielen im tiefen Wasser, und diesem Sohn von Adam werde ich niemals gehorchen.« Keiner sah ihn weggehen außer der kleinen Mädchentochter, die auf der Schulter des Mannes saß. Und das Spiel ging weiter, bis kein Tier mehr ohne Auftrag war; und der Älteste Zauberer wischte sich den feinen Staub von den Händen und ging um die Welt, um zu sehen, wie die Tiere spielten.

Er ging nach Norden, Bestgeliebtes, und er fand Aller-Elefant, wie er mit den Stoßzähnen grub und mit den Füßen herumstampfte in der schönen neuen sauberen Erde, die für ihn bereitet worden war.

»Kun?«, sagte Aller-Elefant, und das bedeutete: »Ist es so richtig?«

»Payah kun«, sagte der Älteste Zauberer, und das bedeutete: »Das ist sehr richtig«; und er hauchte auf die großen Felsen und Erdklumpen, die Aller-Elefant aufgeworfen hatte, und daraus wurden die großen Himalaya-Berge, und die kannst du auf der Landkarte suchen.

Er ging nach Osten und fand Alle-Kuh, wie sie auf dem Feld graste, das für sie bereitet worden war, und sie fuhr mit der Zunge um einen ganzen Wald auf einmal und verschluckte ihn und hockte sich nieder, um wiederzukäuen.

»Kun?«, sagte Alle-Kuh.

»Payah kun«, sagte der Älteste Zauberer; und er hauchte auf den kahlen Flecken, wo sie gegessen hatte, und auf die Stelle, wo sie gesessen hatte, und das eine wurde die große Indische Wüste, und das andere wurde die Wüste Sahara, und die kannst du auf der Landkarte suchen.

Er ging nach Westen und fand Aller-Biber, wie er gerade einen Biberdamm über die Mündungen breiter Flüsse machte, die für ihn bereitet worden waren.

»Kun?«, sagte Aller-Biber.

»Payah kun«, sagte der Älteste Zauberer; und er hauchte auf die gestürzten Bäume und das stille Was-

ser, und daraus wurden die Everglades in Florida, und die kannst du auf der Landkarte suchen.

Dann ging er nach Süden und fand Alle-Schildkröte, wie sie mit ihren Flossen im Sand scharrte, der für sie bereitet worden war, und der Sand und die Felsen wirbelten durch die Luft und stürzten weit entfernt ins Meer.

»Kun?«, sagte Alle-Schildkröte.

»Payah kun«, sagte der Älteste Zauberer; und er hauchte auf den Sand und die Felsen, wo sie ins Meer gefallen waren, und daraus wurden die sehr wunderbaren Inseln Borneo, Celebes, Sumatra, Java und der Rest des Malaiischen Archipels, und die kannst du auf der Landkarte suchen!

Einige Zeit später traf der Älteste Zauberer den Mann am Ufer des Perak-Flusses und sagte: »Ho! Sohn Adams, gehorchen dir alle Tiere?«

»Ja«, sagte der Mann.

»Gehorcht dir die ganze Erde?«

»Ja«, sagte der Mann.

»Gehorcht dir das ganze Meer?«

»Nein«, sagte der Mann. »Einmal am Tag und einmal in der Nacht läuft das Meer den Perak-Fluss hinauf und treibt das Süßwasser zurück in den Wald, sodass mein Haus nass wird; einmal am Tag und einmal in der Nacht läuft es den Fluss hinab und zieht alles Wasser hinter sich her, sodass nichts bleibt außer

Schlamm und mein Kanu umstürzt. Ist das das Spiel, das das Meer spielen sollte?«

»Nein«, sagte der Älteste Zauberer. »Das ist ein neues und schlechtes Spiel.«

»Sieh mal!«, sagte der Mann, und als er noch sprach, kam das große Meer die Mündung des Perak-Flusses hinauf, trieb den Fluss zurück, bis er auf viele Meilen die dunklen Wälder überflutete und das Haus des Mannes überschwemmte.

»Das ist falsch. Bring dein Kanu zu Wasser, dann wollen wir nachsehen, wer da mit dem Meer spielt«, sagte der Älteste Zauberer. Sie stiegen ins Kanu; die kleine Mädchentochter kam mit ihnen; und der Mann nahm seinen *kris* – einen krummen gewellten Dolch mit einer Klinge wie eine Flamme –, und sie fuhren hinaus auf den Perak-Fluss. Dann begann das Meer, zurück- und weiter zurückzulaufen, und das Kanu wurde aus der Mündung des Perak hinausgesogen, vorbei an Selangor, vorbei an Malakka, vorbei an Singapur, hinaus und weiter hinaus zur Insel Bintang, als ob es an einer Leine gezogen würde.

Dann stand der Älteste Zauberer auf und rief: »Ho! Tiere, Vögel und Fische, die ich am ersten Anfang in meine Hände nahm und das Spiel lehrte, das ihr spielen sollt – wer von euch spielt mit dem Meer?«

Da sagten alle Tiere, Vögel und Fische zusammen: »Ältester Zauberer, wir spielen die Spiele, die du uns

Das ist ein Bild von Pau Amma dem Krebs, wie er wegläuft, als der Älteste Zauberer mit dem Mann und seiner kleinen Mädchentochter redete. Der Älteste Zauberer sitzt auf seinem Zauberthron, gehüllt in seine Zauberwolke. Die drei Blumen vor ihm sind die drei Zauberblumen. Oben auf dem Berg siehst du Aller-Elefant und Alle-Kuh und Alle-Schildkröte; sie gehen gerade fort, um zu spielen, wie der Älteste Zauberer es ihnen gesagt hat. Die Kuh hat einen Buckel, denn sie war ja Alle-Kuh; deshalb musste sie sämtlich alles haben, was es überhaupt für die Kühe gab, die später gemacht wurden. Unter dem Berg sind die Tiere, die das Spiel gelernt hatten, das sie spielen sollten. Du kannst Aller-Tiger sehen, wie er Alle-Knochen anlächelt, und du kannst Aller-Elch sehen und Aller-Papagei und Aller-Hase, sie alle am Berg. Die anderen Tiere sind auf der anderen Seite des Bergs, deshalb habe ich sie nicht gemalt. Das kleine Haus auf dem Berg ist Alles-Haus. Der Älteste Zauberer hatte es gemacht, um dem Mann zu zeigen, wie er Häuser bauen kann, wenn er will. Die Schlange um den dornigen Hügel ist Alle-Schlange, und sie redet mit Aller-Affe, und der Affe ist unhöflich zur Schlange, und die Schlange ist unhöflich zum Affen. Der Mann redet ganz aufmerksam mit dem Ältesten Zauberer. Die kleine Mädchentochter sieht zu, wie Pau Amma wegläuft. Das Buckeldings vorn im Wasser ist Pau Amma. Damals war er kein gewöhnlicher Krebs. Er war ein Königskrebs. Deshalb sieht er so anders aus. Das Ding wie ganz viele Ziegel, in dem der Mann steht, ist das große Labyrinth Miz-Maze. Wenn der Mann mit dem Ältesten Zauberer fertig geredet hat, wird er ins große Labyrinth Miz-Maze gehen, weil er das muss. Das Zeichen auf dem Stein unter dem Fuß des Mannes ist ein Zauberzeichen; und ganz unten habe ich die drei Zauberblumen gemalt, völlig umgeben von der Zauberwolke. Das ganze Bild ist große Medizin und starker Zauber.

gelehrt hast – wir und die Kinder unserer Kinder. Aber keiner von uns spielt mit dem Meer.«

Da ging der Mond rund und voll über dem Wasser auf, und der Älteste Zauberer sagte zu dem buckligen alten Mann, der im Mond sitzt und eine Angelschnur spinnt, mit der er eines Tages die Welt zu fangen hofft: »Ho! Fischer im Mond, spielst du mit dem Meer?«

»Nein«, sagte der Fischer, »ich spinne eine Schnur, mit der ich eines Tages die Welt fangen werde; aber ich spiele nicht mit dem Meer.« Und er spann weiter seine Schnur.

Nun gibt es auch eine Ratte oben im Mond, die die Schnur des alten Fischers immer so schnell abbeißt, wie er sie spinnt, und der Älteste Zauberer sagte zu ihr: »Ho! Ratte im Mond, spielst du etwa mit dem Meer?«

Und die Ratte sagte: »Ich bin zu beschäftigt damit, die Schnur durchzubeißen, die dieser alte Fischer spinnt. Ich spiele nicht mit dem Meer.« Und sie biss weiter an der Schnur herum.

Da hob die kleine Mädchentochter ihre kleinen weichen braunen Arme mit den wunderschönen weißen Muschelketten und sagte: »O Ältester Zauberer! Als mein Vater hier beim ersten Anfang mit dir gesprochen hat und ich auf seiner Schulter saß, während du die Tiere ihre Spiele gelehrt hast, da ist ein

Tier unartig ins Meer verschwunden, bevor du ihm sein Spiel beigebracht hattest.«

Und der Älteste Zauberer sagte: »Wie klug die kleinen Kinder sind, die sehen und schweigen! Wie sah das Tier aus?«

Und die kleine Mädchentochter sagte: »Es war rund, und es war flach; seine Augen wuchsen auf Stielen; und es ist seitwärts gegangen, so; und sein Rücken war von einem starken Panzer bedeckt.«

Und der Älteste Zauberer sagte: »Wie klug die kleinen Kinder sind, die die Wahrheit sagen! Jetzt weiß ich, wohin Pau Amma gegangen ist. Gib mir das Paddel!«

Also nahm er das Paddel; er brauchte aber nicht zu paddeln, denn das Wasser floss stetig an allen Inseln vorbei, bis sie zu der Stelle kamen, die Pusat Tasek heißt – Herz des Meeres –, wo die große Senke ist, die hinabführt ins Herz der Welt, und in dieser Senke wächst der wunderbare Baum, Pauh Janggi, der die magischen Zwillingsnüsse trägt. Da schob der Älteste Zauberer seinen Arm bis zur Schulter ins tiefe warme Wasser, und unter den Wurzeln des wunderbaren Baums berührte er den breiten Rücken von Pau Amma dem Krebs. Und Pau Amma ließ sich bei der Berührung nieder, und die ganze See hob sich, wie Wasser sich in einem Becken hebt, wenn du die Hand hineinsteckst.

»Ah!«, sagte der Älteste Zauberer. »Jetzt weiß ich, wer mit dem Meer gespielt hat«; und er rief: »Was tust du da, Pau Amma?«

Und Pau Amma, ganz tief unten, antwortete: »Einmal am Tag und einmal in der Nacht gehe ich aus und suche mir etwas zu essen. Einmal am Tag und einmal in der Nacht komme ich zurück. Lass mich in Frieden.«

Da sagte der Älteste Zauberer: »Hör zu, Pau Amma. Wenn du deine Höhle verlässt, strömen die Wasser des Meeres hinab nach Pusat Tasek, und alle Strände aller Inseln liegen bloß, und die kleinen Fische sterben, und Radscha Moyang Kaban, der König der Elefanten, kriegt schlammige Beine. Wenn du heimkehrst und dich in Pusat Tasek niederlässt, steigen die Wasser des Meeres, und die Hälfte aller kleinen Inseln wird überflutet, und das Haus des Mannes wird überschwemmt, und Radscha Abdullah, der König der Krokodile, kriegt den Mund voller Salzwasser.«

Da lachte Pau Amma ganz tief unten und sagte: »Ich wusste nicht, dass ich so bedeutend bin. Fortan will ich jeden Tag siebenmal ausgehen, und die Wasser werden nie ruhig sein.«

Und der Älteste Zauberer sagte: »Ich kann dich nicht zwingen, das Spiel zu spielen, das du eigentlich hättest spielen sollen, Pau Amma; denn du bist mir im ersten Anfang entwischt; aber wenn du keine Angst hast, dann komm herauf, und wir reden darüber.«

»Ich habe keine Angst«, sagte Pau Amma, und er kam im Mondlicht an die Oberfläche des Meeres. Keiner in der Welt war so groß wie Pau Amma – denn er war der Königskrebs aller Krebse. Kein gewöhnlicher Krebs, sondern ein Königskrebs. Eine Seite seiner großen Schale berührte den Strand bei Sarawak; die andere berührte den Strand bei Pahang; und er war größer als der Rauch aus drei Vulkanen! Als er durch die Äste des wunderbaren Baums emporstieg, riss er eine der großen Zwillingsfrüchte ab – der magischen Doppelkern-Nüsse, die Menschen jung machen –, und die kleine Mädchentochter sah sie neben dem Kanu auftauchen und zog sie hinein und begann, mit ihrer kleinen goldenen Schere die weichen Augen auszustechen.

»Und jetzt«, sagte der Zauberer, »mach einen Zauber, Pau Amma, und zeig uns, dass du wirklich bedeutend bist.«

Pau Amma rollte mit den Augen und wackelte mit dem Schwanz, konnte aber nur das Meer aufwühlen, denn er war zwar ein Königskrebs, aber doch nicht mehr als ein Krebs, und der Älteste Zauberer lachte.

»So bedeutend bist du also doch nicht, Pau Amma«, sagte er. »Nun lass mich es versuchen«, und er machte einen Zauber mit der linken Hand – nur

Das ist das Bild davon, wie Pau Amma der Krebs aus dem Meer steigt, so groß wie der Rauch von drei Vulkanen. Die drei Vulkane habe ich nicht gemalt, weil Pau Amma so groß war. Pau Amma versucht, einen Zauber zu machen, aber er ist ja nur ein dummer alter Königskrebs, deshalb kann er nichts bewirken. Du kannst sehen, dass er ganz aus Beinen und Klauen und leerem hohlen Panzer besteht. Das Kanu ist das Kanu, in dem der Mann und die Mädchentochter und der Älteste Zauberer vom Perak-Fluss hergekommen sind. Das Meer ist ganz schwarz und blubberig, weil Pau Amma gerade von Pusat Tasek hochgestiegen ist. Pusat Tasek ist tief unter ihm, deshalb habe ich es nicht gemalt. Der Mann schwenkt sein krummes *kris*-Messer vor Pau Amma. Die kleine Mädchentochter sitzt ganz ruhig mitten im Kanu. Sie weiß, dass ihr nichts geschehen kann, weil ihr Papi dabei ist. Der Älteste Zauberer ist am anderen Ende des Kanus aufgestanden und beginnt, einen Zauber zu machen. Er hat seinen Zauberthron am Strand gelassen und die Kleider ausgezogen, damit sie nicht nass werden, und die Zauberwolke hat er auch nicht mitgenommen, damit das Boot nicht umschlägt. Das Ding neben dem richtigen Kanu, das aussieht wie ein zweites kleineres Kanu, nennt man einen Ausleger. Es ist ein Stück Holz, an Stöcke gebunden, und sorgt dafür, dass das Kanu nicht umkippt. Das Kanu ist aus einem einzigen Holzstück gemacht, und an einem Ende ist ein Paddel.

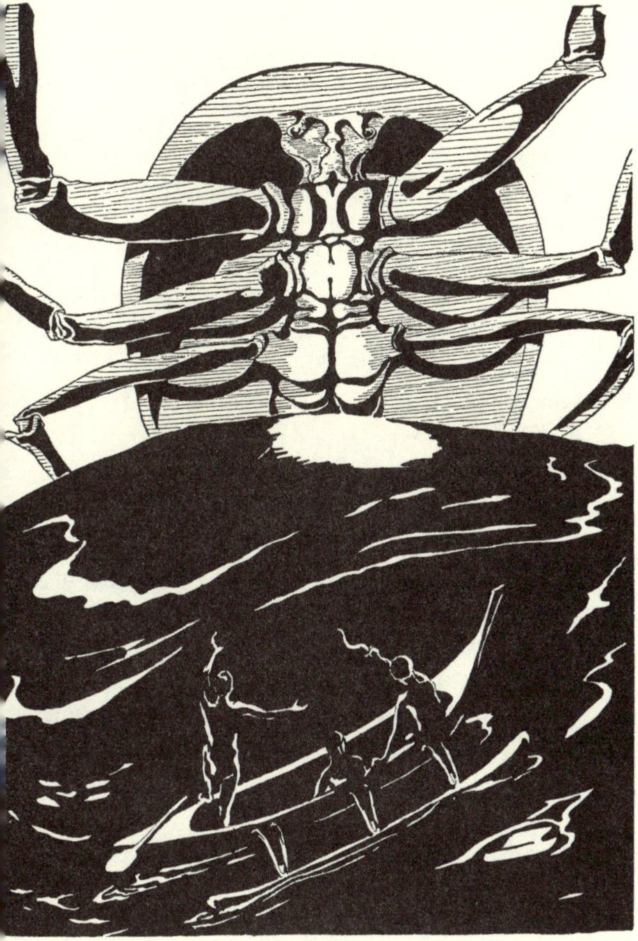

mit dem kleinen Finger seiner linken Hand –, und merk auf und staune, Bestgeliebtes, Pau Ammas harter blau-grüner Rückenpanzer fiel ab, wie eine Schale von einer Kokosnuss fällt, und Pau Amma war nun ganz weich – so weich wie die kleinen Krabben, die du manchmal am Strand findest, Bestgeliebtes.

»Du bist wahrlich sehr bedeutend«, sagte der Älteste Zauberer. »Soll der Mann hier dich mit seinem *kris* schneiden? Soll ich nach Radscha Moyang Kaban schicken, dem König der Elefanten, dass er dich mit seinen Stoßzähnen durchbohrt? Oder soll ich Radscha Abdullah rufen, den König der Krokodile, dass er dich beißt?«

Und Pau Amma sagte: »Ich bin beschämt! Gib mir meinen harten Panzer wieder und lass mich zurückkehren nach Pusat Tasek, dann will ich mich nur einmal am Tag und einmal in der Nacht rühren, um Essen zu holen.«

Und der Älteste Zauberer sagte: »Nein, Pau Amma, deinen harten Panzer gebe ich dir nicht zurück, denn du wirst größer und stolzer und stärker werden, und vielleicht vergisst du dann dein Versprechen und spielst wieder mit dem Meer.«

Da sagte Pau Amma: »Was soll ich tun? Ich bin so groß, dass ich mich nur in Pusat Tasek verbergen kann, und wenn ich woanders hingehe, so weich, wie ich jetzt bin, werden mich die Haie und Hundsfische essen. Und wenn ich nach Pusat Tasek gehe, so weich, wie ich jetzt bin, wäre ich vielleicht in Sicherheit, könnte aber nie mehr ausgehen, um Essen zu suchen, und deshalb müsste ich sterben.« Dann wackelte er mit den Beinen und jammerte.

»Hör zu, Pau Amma«, sagte der Älteste Zauberer. »Ich kann dich nicht dazu zwingen, das Spiel zu spielen, das du eigentlich hättest spielen sollen, denn du bist mir im ersten Anfang entwischt; aber wenn du willst, kann ich jeden Stein und jedes Loch und jeden Tangbüschel in allen Meeren für dich und deine Kinder auf ewig zu einem sicheren Pusat Tasek machen.«

Da sagte Pau Amma: »Das ist gut, aber noch wähle ich nicht. Sieh! Da ist dieser Mann, der im ersten Anfang mit dir geredet hat. Wenn er nicht deine Aufmerksamkeit für sich genommen hätte, wäre ich es nicht müde geworden zu warten und weggelaufen, und all das wäre nie geschehen. Was wird er für mich tun?«

Und der Mann sagte: »Wenn du wählst, will ich einen Zauber machen, sodass für dich und deine Kinder sowohl das tiefe Wasser als auch die trockene Erde ein Heim sind – dass du dich an Land und im Meer verbergen kannst.«

Und Pau Amma sagte: »Noch wähle ich nicht. Sieh! Da ist dieses Mädchen, das mich im ersten Anfang weglaufen sah. Wenn sie damals geredet hätte, hätte der Älteste Zauberer mich zurückgerufen, und all dies wäre nie geschehen. Was wird sie für mich tun?«

Und die kleine Mädchentochter sagte: »Diese Nuss, die ich esse, ist sehr gut. Wenn du wählst, werde ich einen Zauber machen und dir diese Scheren geben, sehr scharf und stark, sodass du und deine Kinder solche Kokosnüsse essen könnt, den ganzen Tag lang, wenn ihr aus dem Meer ans Land kommt; oder du kannst dir ein eigenes Pusat Tasek graben mit deinen Scheren, wenn kein Stein oder Loch in der Nähe ist; und wenn die Erde zu hart ist, kannst du mithilfe dieser Scheren einen Baum hinauflaufen.«

Und Pau Amma sagte: »Noch wähle ich nicht, denn so weich, wie ich bin, würden mir diese Gaben nicht helfen. Gib mir meinen Panzer zurück, o Ältester Zauberer, dann will ich dein Spiel spielen.«

Und der Älteste Zauberer sagte: »Ich gebe ihn dir zurück, Pau Amma, für elf Monate im Jahr; aber im zwölften Monat eines jeden Jahres soll er wieder weich werden, um dich und all deine Kinder daran zu erinnern, dass ich zaubern kann, und damit du bescheiden bleibst, Pau Amma; denn ich sehe, wenn du unter dem Wasser und an Land laufen kannst, wirst du übermütig werden; und wenn du auf Bäume steigen und Nüsse knacken und Löcher graben kannst mit deinen Scheren, dann wirst du zu gierig werden, Pau Amma.«

Da dachte Pau Amma ein wenig nach und sagte: »Ich habe gewählt. Ich will alle Gaben annehmen.«

Da machte der Älteste Zauberer einen Zauber mit der rechten Hand, mit allen fünf Fingern seiner rechten Hand, und merk auf und staune, Bestgeliebtes, Pau Amma wurde kleiner und kleiner und kleiner, bis am Ende neben dem Kanu im Wasser nur ein kleiner grüner Krebs schwamm und mit sehr kleiner Stimme rief: »Gib mir die Scheren!«

Und die Mädchentochter nahm ihn auf die kleine braune Handfläche und setzte ihn auf den Boden des Kanus und gab ihm ihre Scheren, und er fuchtelte mit seinen kleinen Armen daran herum und öffnete sie und schloss sie und ließ sie schnappen, und er sagte: »Ich kann Nüsse essen. Ich kann Schalen knacken. Ich kann Löcher graben. Ich kann auf Bäume steigen. Ich kann in trockener Luft atmen, und ich kann ein sicheres Pusat Tasek unter jedem Stein finden. Ich wusste nicht, dass ich so bedeutend bin. *Kun?* (Ist es so richtig?)«

»Payah kun«, sagte der Älteste Zauberer, und er lachte und gab ihm seinen Segen; und der kleine Pau Amma krabbelte über den Bord des Kanus ins Wasser; und er war so winzig, dass er sich im Schatten eines trockenen Blatts an Land hätte verstecken

können oder im Schatten einer toten Muschel am Grunde des Meeres.

»War das gut so?«, sagte der Älteste Zauberer.

»Ja«, sagte der Mann. »Aber jetzt müssen wir zurück zum Perak, und das ist furchtbar weit zu paddeln. Wenn wir gewartet hätten, bis Pau Amma aus Pusat Tasek hinaus- und wieder hineingegangen ist, hätte uns das Wasser ganz von selbst dorthin getragen.«

»Du bist *lazy* (träge)«, sagte der Älteste Zauberer. »Deshalb sollen auch deine Kinder träge sein. Sie sollen die trägsten Leute der Welt sein. Sie sollen *Malazy* heißen – das träge Volk«; und er hob den Finger zum Mond und sagte: »O Fischer, hier ist ein Mann, der zu träge ist, um heimzurudern. Zieh sein Kanu mit deiner Schnur nach Hause, Fischer.«

»Nein«, sagte der Mann. »Wenn ich denn ewig träge sein soll, lass das Meer immer zweimal am Tag für mich arbeiten. Das erspart mir das Paddeln.«

Und der Älteste Zauberer lachte und sagte: *»Payah kun«,* (Es ist richtig).

Und die Mondratte hörte auf, an der Schnur zu nagen; und der Fischer ließ die Schnur hinab, bis sie das Meer berührte, und er zog die ganze tiefe See dahin, vorbei an der Insel Bin-tang, vorbei an Singapur, an Malakka, an Selangor, bis das Kanu wieder in die Mündung des Flusses Perak wirbelte.

»Kun?«, sagte der Fischer im Mond.

»*Payah kun*«, sagte der Älteste Zauberer. »Nun sieh zu, dass du auf ewig das Meer zweimal am Tag und zweimal in der Nacht so ziehst, damit die Malazy-Fischer nie rudern müssen. Aber achte drauf, dass du nicht zu fest ziehst, sonst werde ich einen Zauber über dich machen, wie ich es mit Pau Amma getan habe.«

Dann zogen sie alle den Perak-Fluss hinauf und gingen schlafen, Bestgeliebtes.

Nun merk auf und lausche!

Seit diesem Tag und bis heute hat der Mond immer das Meer hin- und hergezogen und das gemacht, was wir die Gezeiten nennen. Manchmal zieht der Fischer die See ein bisschen zu sehr, dann kriegen wir eine Springflut; und manchmal zieht er ein bisschen zu wenig, dann kriegen wir, was man eine Nippflut nennt; aber er ist fast immer vorsichtig, wegen des Ältesten Zauberers.

Und Pau Amma? Wenn du an den Strand gehst, kannst du sehen, wie alle Babys von Pau Amma sich im Sand unter jedem Stein und unter jedem Pflanzenbüschel kleine Pusat Taseks machen; du kannst sehen, wie sie die kleinen Scheren schwenken; und in einigen Weltgegenden leben sie wirklich auf dem trockenen Land und laufen Palmen hinauf und essen Kokosnüsse, genau wie die Mädchentochter es versprochen hat. Aber einmal im Jahr müssen alle

Pau Ammas ihren harten Panzer ablegen und weich werden – damit sie an das denken, was der Älteste Zauberer vermochte. Deshalb ist es nicht richtig, die Babys von Pau Amma zu jagen, nur weil der alte Pau Amma vor sehr langer Zeit dämlich unhöflich war.

Ah ja! Und Pau Ammas Babys mögen nicht aus ihren kleinen Pusat Taseks genommen und in Gurkengläsern nach Hause gebracht werden. Deshalb zwicken sie dich mit ihren Scheren, und das geschieht dir recht!

P. und O.s mit Kurs nach China
kommen dicht an Pau Ammas Spielplatz vorüber,
und sein Pusat Tasek liegt
nahe an der Strecke der meisten B. I.s.
N. Y. K. und N. D. L.
kennen Pau Ammas Heim ebenfalls,
so gut wie der Fischer im Mond
»Bens«, M. M.s und Rubattinos kennt.
Aber (und das ist ziemlich komisch)
A. T. L.s können *nicht* hierherkommen;
O. und O. und D. O. A.
müssen woanders langfahren.
Orient, Anchor, Bibby, Hall
kommen überhaupt nie hier vorbei.
U. C. S. bekäme einen Schlaganfall,
wenn es sich hier wiederfände.
Und wenn »Beavers« ihre Fracht
nach Penang brächten statt nach Lagos,
oder ein dicker Shaw-Savill
Passagiere nach Singapur brächte,
oder ein White Star einen
kleinen Trip nach Surabaja unternähme,
oder ein B. S. A. weiterführe
von Natal nach Cheribon,
dann käme der große Mister Lloyds
und würde sie mit einer Schlinge heimholen.
Du wirst mein Rätsel lösen können,
wenn du erst Mangostinen gegessen hast.

Die Katze, die eigene Wege ging

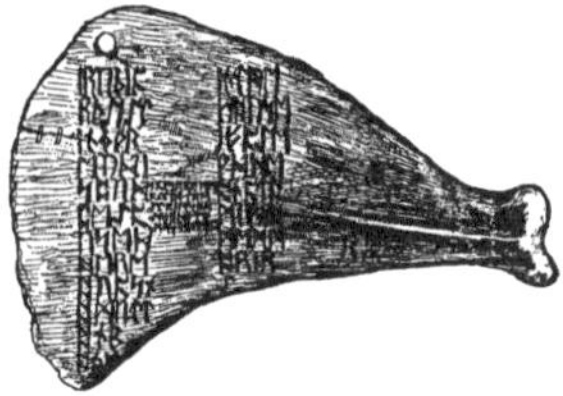

öre, merk auf und lausche; denn dies geschah und ereignete sich und wurde und war, o mein Bestgeliebtes, als die zahmen Tiere wild waren. Der Hund war wild, und das Pferd war wild, und die Kuh war wild, und das Schaf war wild, und das Schwein war wild – so wild, wie es überhaupt nur geht –, und sie wanderten weit in den nassen wilden Wäldern wildlings allein. Aber das wildeste aller wilden Tiere war die Katze. Sie ging eigene Wege, und alle Orte waren ihr gleich.

Natürlich war auch der Mann wild. Er war schrecklich wild. Er wurde erst dann ein bisschen zahmer, als er die Frau traf und sie ihm sagte, ihr gefiele es nicht, auf seine wilde Weise zu leben. Sie suchte eine nette trockene Höhle aus, um sich hinzulegen, statt eines Haufens nasser Blätter; und sie streute sauberen Sand auf den Boden; und sie machte ein nettes Holzfeuer hinten in der Höhle; und sie hängte eine getrocknete Wildpferdhaut mit dem Schwanz nach unten über die Höhlenöffnung; und sie sagte: »Wisch dir die Füße ab, mein Lieber, wenn du reinkommst, und jetzt haben wir einen Haushalt.«

An diesem Abend, Bestgeliebtes, aßen sie wildes Schaf, gebraten auf den heißen Steinen und gewürzt mit wildem Knoblauch und wildem Pfeffer; und wilde Ente, gefüllt mit wildem Reis und wildem Bockshornklee und wildem Koriander; und Markknochen von wildem Rind; und Wildkirschen und wilde Grenadillen. Dann schlief der Mann selig vor dem Feuer ein; aber die Frau blieb auf und kämmte ihr Haar. Sie nahm den Schulterknochen des Schafs – den großen flachen Klingenknochen – und betrachtete die schönen Muster darauf, und sie legte neues Holz aufs Feuer und machte einen Zauber. Sie machte den ersten Singe-Zauber der Welt.

Draußen im nassen wilden Wald versammelten sich alle wilden Tiere dort, wo sie von Weitem das Licht des Feuers sehen konnten, und sie fragten sich, was das wohl bedeutete.

Dann stampfte Wildes Pferd mit seinem wilden Fuß und sagte: »O meine Freunde und o meine Feinde, warum haben der Mann und die Frau das große Licht in der großen Höhle gemacht, und welchen Schaden wird es uns zufügen?«

Wilder Hund hob seine wilde Nase und roch den

Geruch des gebratenen Schafsfleischs und sagte: »Ich will hingehen und sehen und schauen; denn ich glaube, es ist gut. Katze, komm mit mir.«

»Nimmer!«, sagte die Katze. »Ich bin die Katze, die eigene Wege geht, und alle Orte sind mir gleich. Ich komme nicht mit.«

»Dann können wir nie wieder Freunde sein«, sagte Wilder Hund und trabte fort zur Höhle. Als er aber ein Stückchen weit weg war, sagte sich die Katze: »Alle Orte sind mir gleich. Warum sollte ich nicht hingehen und sehen und schauen und weggehen, wie es mir gefällt?« Also schlich sie leise, ganz leise hinter Wilder Hund her und versteckte sich, wo sie alles hören konnte.

Als Wilder Hund den Eingang der Höhle erreichte, hob er mit der Nase die getrocknete Pferdehaut und schnüffelte den wunderbaren Geruch des gebratenen Schafs; und die Frau, die den Knochen betrachtete, hörte ihn und lachte und sagte: »Da kommt der Erste. Wildes Ding aus dem wilden Wald, was willst du?«

Wilder Hund sagte: »O meine Feindin und Weib meines Feindes, was riecht denn da so gut im wilden Wald?«

Da nahm die Frau einen gebratenen Schafsknochen und warf ihn dem Wilden Hund zu und sagte: »Wildes Ding aus dem wilden Wald, koste und versuche.« Wilder Hund nagte den Knochen, und er war köstlicher als alles, was er je geschmeckt hatte, und er sagte: »O meine Feindin und Weib meines Feindes, gib mir noch einen.«

Die Frau sagte: »Wildes Ding aus dem wilden Wald, hilf meinem Mann tagsüber jagen, und nachts bewache diese Höhle, dann gebe ich dir so viele gebratene Knochen, wie du nur brauchst.«

»Ah!«, sagte die Katze, die lauschte. »Das ist eine sehr schlaue Frau, aber sie ist nicht so schlau wie ich.«

Wilder Hund kroch in die Höhle und legte seinen Kopf in den Schoß der Frau und sagte: »O meine Freundin und Weib meines Freundes, ich will deinem Mann tagsüber jagen helfen, und nachts will ich eure Höhle bewachen.«

»Ah!«, sagte die Katze, die lauschte, »das ist ein sehr dummer Hund.« Und sie ging zurück durch den nassen wilden Wald und wedelte mit dem wilden Schwanz und wanderte wildlings allein. Aber sie erzählte keinem davon.

Als der Mann erwachte, sagte er: »Was macht Wilder Hund hier?« Und die Frau sagte: »Er heißt nicht mehr Wilder Hund, sondern Erster Freund, denn er wird für immer und immer und immer unser Freund sein. Nimm ihn mit, wenn du jagen gehst.«

Am nächsten Abend schnitt die Frau große grüne

Arme voll frischen Grases von den Wasserwiesen und trocknete es vor dem Feuer, sodass es roch wie frisch gemähtes Heu, und sie setzte sich an die Öffnung der Höhle und flocht ein Halfter aus Pferdehaut, und sie betrachtete den Schafschulterknochen – den großen breiten Klingenknochen –, und sie machte einen Zauber. Sie machte den zweiten Singe-Zauber der Welt.

Draußen im wilden Wald fragten sich alle wilden Tiere, was wohl Wilder Hund zugestoßen war, und schließlich stampfte Wildes Pferd mit dem Fuß und sagte: »Ich will hingehen und sehen und sagen, warum Wilder Hund nicht zurückgekehrt ist. Katze, komm mit mir.«

»Nimmer!«, sagte die Katze. »Ich bin die Katze, die eigene Wege geht, und alle Orte sind mir gleich. Ich komme nicht mit.« Aber trotzdem folgte sie Wildes Pferd leise, ganz leise, und versteckte sich, wo sie alles hören konnte.

Als die Frau Wildes Pferd auf seine lange Mähne trampeln und stolpern hörte, lachte sie und sagte: »Da kommt der Zweite. Wildes Ding aus dem wilden Wald, was willst du?«

Wildes Pferd sagte: »O meine Feindin und Weib meines Feindes, wo ist Wilder Hund?«

Die Frau lachte und hob den Klingenknochen auf und betrachtete ihn und sagte: »Wildes Ding aus dem wilden Wald, du bist nicht hergekommen wegen Wilder Hund, sondern wegen dieses guten Grases.«

Und Wildes Pferd trampelte und stolperte auf seiner langen Mähne und sagte: »Das stimmt; gib es mir zu essen.«

Die Frau sagte: »Wildes Ding aus dem wilden Wald, beug deinen wilden Kopf und trag das, was ich dir gebe, und dann wirst du jeden Tag dreimal das wunderbare Gras essen.«

»Ah!«, sagte die Katze, die lauschte. »Das ist eine schlaue Frau, aber sie ist nicht so schlau wie ich.«

Wildes Pferd beugte seinen wilden Kopf, und die Frau streifte ihm das geflochtene Halfter über, und Wildes Pferd behauchte die Füße der Frau und sagte: »O meine Herrin und Weib meines Herrn, wegen deines wunderbaren Grases will ich euer Diener sein.«

»Ah!«, sagte die Katze, die lauschte. »Das ist ein sehr dummes Pferd.« Und sie ging zurück durch den nassen wilden Wald, wedelte mit dem wilden Schwanz und wanderte wildlings allein. Aber sie erzählte keinem davon.

Als der Mann und der Hund vom Jagen heimkehrten, sagte der Mann: »Was macht Wildes Pferd dort?« Und die Frau sagte: »Es heißt nicht mehr Wildes Pferd, sondern Erster Diener, denn es wird uns

Das ist das Bild von der Höhle, wo der Mann und die Frau zuerst gewohnt haben. Die Höhle war wirklich sehr schön und viel wärmer, als sie aussieht. Der Mann hatte ein Kanu. Es liegt am Flussufer tief im Wasser, damit es aufquillt. Was sich da über den Fluss zieht und wie Lumpen aussieht, ist das Lachsnetz des Mannes, um Lachse zu fangen. Vom Fluss führen feine saubere Steine hinauf zum Höhleneingang, damit der Mann und die Frau Wasser holen konnten, ohne Sand zwischen die Zehen zu kriegen. Die Dinge wie Küchenschaben weiter hinten am Strand sind in Wirklichkeit Stämme toter Bäume, die vom nassen wilden Wald auf dem anderen Ufer flussabwärts getrieben sind. Der Mann und die Frau haben sie immer herausgezogen und getrocknet und zu Brennholz zerhackt. Den Pferdehaut-Vorhang am Höhleneingang habe ich nicht gemalt, weil die Frau den gerade abgenommen hat, um ihn zu reinigen. All die kleinen Flecken im Sand zwischen der Höhle und dem Fluss sind Fußabdrücke von der Frau und dem Mann.

Der Mann und die Frau sind gerade beide in der Höhle beim Mittagessen. Als das Baby kam, sind sie in eine gemütlichere Höhle gezogen, weil das Baby immer zum Fluss gekrabbelt und hineingefallen ist und der Hund es herausziehen musste.

nun für immer und immer und immer von Ort zu Ort tragen. Reite auf seinem Rücken, wenn du jagen gehst.«

Am nächsten Tag, das wilde Haupt erhoben, damit sich die wilden Hörner nicht in den wilden Bäumen verfingen, kam Wilde Kuh zur Höhle, und die Katze folgte und versteckte sich genau wie zuvor; und alles geschah genau wie zuvor; und die Katze sagte die gleichen Dinge wie zuvor; und als Wilde Kuh versprochen hatte, der Frau jeden Tag Milch zu geben zum Tausch für das wunderbare Gras, ging die Katze zurück durch den nassen wilden Wald, wedelte mit dem wilden Schwanz und wanderte wildlings allein, genau wie zuvor. Aber sie erzählte keinem davon. Und als der Mann und das Pferd und der Hund vom Jagen heimkamen und die gleichen Fragen stellten wie zuvor, sagte die Frau: »Sie heißt nicht mehr Wilde Kuh, sondern Geberin Guten Essens. Sie wird uns für immer und immer und immer die warme weiße Milch geben, und ich werde mich um sie kümmern, während du mit dem Ersten Freund und dem Ersten Diener jagen gehst.«

Am nächsten Tag wartete die Katze darauf, dass wieder ein wildes Ding zur Höhle hinaufging, aber keiner regte sich im nassen wilden Wald; deshalb wanderte die Katze allein dorthin; und sie sah die Frau die Kuh melken, und sie sah das Licht des Feuers in der Höhle, und sie roch den Ruch der warmen weißen Milch.

Katze sagte: »O meine Feindin und Weib meines Feindes, wohin ist Wilde Kuh gegangen?«

Die Frau lachte und sagte: »Wildes Ding aus dem wilden Wald, geh wieder fort in den Wald, denn ich habe mein Haar hochgebunden und den Klingenknochen für den Zauber beiseitegelegt, und wir brauchen keine weiteren Freunde oder Diener in unserer Höhle.«

Katze sagte: »Ich bin kein Freund und bin kein Diener. Ich bin die Katze, die eigene Wege geht, und ich will in deine Höhle kommen.«

Frau sagte: »Warum bist du denn nicht mit dem Ersten Freund gekommen, in der ersten Nacht?«

Katze wurde sehr ärgerlich und sagte: »Hat Wilder Hund Geschichten über mich erzählt?«

Da lachte die Frau und sagte: »Du bist die Katze, die eigene Wege geht, und alle Orte sind dir gleich. Du bist weder Freund noch Diener. Geh weg und wandere allein an allen gleichen Orten.«

Da tat Katze, als ob sie traurig sei, und sagte: »Darf ich dann nie in die Höhle kommen? Darf ich nie am warmen Feuer sitzen? Darf ich nie die warme weiße Milch trinken? Du bist sehr schlau und sehr schön. Du solltest nicht grausam sein, nicht einmal zu einer Katze.«

Frau sagte: »Ich wusste schon, dass ich schlau bin, aber ich wusste nicht, dass ich schön bin. Deshalb will ich mit dir einen Handel machen. Wenn ich je ein lobendes Wort über dich sage, darfst du in die Höhle kommen.«

»Und wenn du zwei lobende Worte über mich sagst?«, sagte die Katze.

»Das werde ich nie tun«, sagte die Frau; »aber wenn ich zwei lobende Worte über dich sage, darfst du in der Höhle am Feuer sitzen.«

»Und wenn du drei Worte sagst?«, sagte die Katze.

»Das werde ich nie tun«, sagte die Frau, »aber wenn ich je drei lobende Worte über dich sage, darfst du für immer und immer und immer dreimal am Tag die warme weiße Milch trinken.«

Da krümmte die Katze den Rücken und sagte: »Nun sollen der Vorhang am Eingang zur Höhle und das Feuer hinten in der Höhle und die Milchtöpfe, die neben dem Feuer stehen, sich an das erinnern, was meine Feindin und Weib meines Feindes gesagt hat.« Und sie ging weg durch den nassen wilden Wald, wedelte mit dem wilden Schwanz und wanderte wildlings allein.

Als an diesem Abend der Mann und das Pferd und der Hund vom Jagen heimkamen, erzählte die Frau ihnen nichts von dem Handel, den sie mit der Katze abgeschlossen hatte, weil sie fürchtete, es würde ihnen nicht gefallen.

Die Katze ging weit, weit fort und versteckte sich im nassen wilden Wald wildlings allein, ganz lange Zeit, bis die Frau sie vollkommen vergaß. Nur die Fledermaus – die kleine kopfuntere Fledermaus –, die in der Höhle hing, wusste, wo die Katze sich versteckte; und jeden Abend flog die Fledermaus zur Katze mit Nachrichten von dem, was sich ereignete.

Eines Abends sagte die Fledermaus: »In der Höhle ist ein Baby. Es ist neu und rosa und fett und klein, und die Frau hat es sehr lieb.«

»Ah«, sagte die Katze, die lauschte, »aber was mag das Baby?«

»Es mag Dinge, die weich sind und kitzeln«, sagte die Fledermaus. »Es mag warme Dinge, die es im Arm halten kann, wenn es einschläft. Es mag gern, wenn man mit ihm spielt. All diese Dinge mag es.«

»Ah«, sagte die Katze, die lauschte, »dann ist meine Zeit gekommen.«

In der nächsten Nacht wanderte die Katze durch den nassen wilden Wald und versteckte sich ganz nah bei der Höhle, bis es Morgen wurde und Mann und Hund und Pferd jagen gingen. Die Frau war an diesem Morgen mit Kochen beschäftigt, und das Baby weinte und unterbrach sie. Deshalb trug sie es vor die

Das ist das Bild von der Katze, die eigene Wege ging, wie sie wildlings allein durch den nassen wilden Wald wandert und mit dem wilden Schwanz wedelt. Sonst ist nichts auf dem Bild außer ein paar Giftpilzen. Die mussten da wachsen, weil der Wald so nass war. Das klumpige Ding unten auf einem Ast ist kein Vogel. Es ist Moos, das da wuchs, weil der wilde Wald ja so nass war.

Unter dem eigentlichen Bild ist ein Bild von der gemütlichen Höhle, in die der Mann und die Frau gezogen sind, als das Baby gekommen war. Es war ihre Sommerhöhle, und davor haben sie Weizen gepflanzt. Der Mann reitet auf dem Pferd, um die Kuh zu holen und sie zum Melken zurück zur Höhle zu bringen. Er hebt die Hand und ruft den Hund, der über den Fluss geschwommen ist, um auf der anderen Seite Kaninchen zu suchen.

Höhle und gab ihm eine Handvoll Kiesel zum Spielen. Aber das Baby weinte noch immer.

Da streckte die Katze ihre weiche Pfote aus und tätschelte das Baby auf die Wange, und es gurrte; und die Katze rieb sich an seinen fetten Knien und kitzelte es mit dem Schwanz unter seinem fetten Kinn. Und das Baby lachte; und die Frau hörte es und lächelte.

Da sagte Fledermaus – die kleine kopfuntere Fledermaus –, die im Eingang der Höhle hing: »O meine Wirtin und Weib meines Wirts und Mutter von meines Wirtes Sohn, ein wildes Ding aus dem wilden Wald spielt ganz wunderbar mit deinem Baby.«

»Ein Segen über das wilde Ding, wer immer es auch sei«, sagte die Frau; sie richtete sich auf, »denn ich war heute Morgen sehr beschäftigt, und es hat mir einen Dienst erwiesen.«

In derselben Minute und Sekunde, Bestgeliebtes, fiel der Vorhang aus trockener Pferdehaut, der mit dem Schwanz nach unten im Eingang der Höhle hing – wuusch! –, herab, weil er sich an den Handel erinnerte, den sie mit der Katze abgeschlossen hatte; und als die Frau hinging, um ihn aufzuheben – da saß die Katze gemütlich in der Höhle.

»O meine Feindin und Weib meines Feindes und Mutter meines Feindes«, sagte die Katze, »ich bin es: Denn du hast ein lobendes Wort über mich gesagt, und jetzt darf ich für immer und immer und immer in der Höhle sitzen. Und doch bin ich immer noch die Katze, die eigene Wege geht, und alle Orte sind mir gleich.«

Die Frau war sehr zornig und presste die Lippen aufeinander und nahm das Spinnrad und begann zu spinnen.

Aber das Baby weinte, weil die Katze weggegangen war, und die Frau konnte es nicht beruhigen, denn es strampelte und zappelte und wurde schwarz im Gesicht.

»O meine Feindin und Weib meines Feindes und Mutter meines Feindes«, sagte die Katze; »nimm einen Strang von den Fäden, die du da spinnst, und binde ihn an den Spinnwirtel und lass ihn über den Boden schleifen, dann will ich dir einen Zauber zeigen, der dein Baby so laut lachen lässt, wie es jetzt weint.«

»Das will ich tun«, sagte die Frau, »denn ich weiß mir nicht mehr zu helfen; aber ich werde dir nicht dafür danken.«

Sie band den Faden an den kleinen Spinnwirtel aus Ton und ließ ihn über den Boden schleifen, und die Katze lief dem Faden nach und tätschelte ihn mit den Pfoten und kugelte sich darüber und warf ihn über ihre Schultern und jagte ihn zwischen ihren Hinterbeinen hindurch und tat, als ob sie ihn verlöre, und stürzte sich wieder auf ihn, bis das Baby so laut lachte, wie es zuvor geweint hatte, und es krabbelte hinter der Katze her und tobte durch die ganze Höhle, bis es müde wurde und sich schlafen legte, mit der Katze in den Armen.

»Jetzt«, sagte die Katze, »will ich dem Baby ein Lied singen, das es eine Stunde lang schlafen lässt.« Und sie begann zu schnurren, laut und leise, leise und laut, bis das Baby tief schlief. Die Frau lächelte, als sie auf die beiden hinabschaute, und sagte: »Das hast du wunderbar gemacht. Keine Frage, du bist wirklich sehr schlau, o Katze.«

In derselben Minute und Sekunde, Bestgeliebtes, kam vom Dach herab in dicken Schwaden – Paff! – der Rauch des Feuers hinten in der Höhle, denn es erinnerte sich an den Handel, den sie mit der Katze abgeschlossen hatte; und als der Rauch sich verzog – merk auf und staune! –, da saß die Katze ganz gemütlich nah am Feuer.

»O meine Feindin und Weib meines Feindes und Mutter meines Feindes«, sagte die Katze, »ich bin es: denn du hast ein zweites lobendes Wort über mich gesagt, und jetzt darf ich für immer und immer und immer am warmen Feuer hinten in der Höhle sitzen. Aber noch immer bin ich die Katze, die eigene Wege geht, und alle Orte sind mir gleich.«

Da war die Frau sehr, sehr zornig und ließ ihr Haar herabhängen und legte mehr Holz auf das Feuer und holte den breiten Klingenknochen der Schafschulter hervor und begann, einen Zauber zu machen, der sie selbst daran hindern sollte, ein drittes lobendes Wort über die Katze zu sagen. Es war kein Singe-Zauber, Bestgeliebtes, sondern ein Stille-Zauber; und nach und nach wurde die Höhle so still, dass eine klitzekleine Maus aus einer Ecke hervorkroch und über den Boden rannte.

»O meine Feindin und Weib meines Feindes und Mutter meines Feindes«, sagte die Katze, »gehört die kleine Maus da zu deinem Zauber?«

»Uuh! Iiih! Nein, wirklich nicht!«, sagte die Frau, und sie ließ den Klingenknochen fallen und sprang auf den Schemel vor dem Feuer und raffte ganz schnell ihr Haar auf, aus Angst, die Maus könne daran emporlaufen.

»Ah!«, sagte die Katze, die zusah. »Dann wird mir die Maus nichts Böses tun, wenn ich sie aufesse?«

»Nein«, sagte die Frau; sie band ihr Haar hoch, »iss sie schnell, dann werde ich dir immer dankbar sein.«

Die Katze machte einen Satz und fing die kleine Maus, und die Frau sagte: »Hundertfachen Dank. Nicht einmal der Erste Freund ist schnell genug, um kleine Mäuse so zu fangen, wie du es getan hast. Du musst sehr schlau sein.«

In derselben Minute und Sekunde, o Bestgeliebtes, brach der Milchtopf am Feuer in zwei Teile –

ffft! –, weil er sich an den Handel erinnerte, den sie mit der Katze abgeschlossen hatte, und als die Frau vom Schemel herabsprang – merk auf und staune! –, da leckte die Katze die warme weiße Milch auf, die in einem der zerbrochenen Stücke lag.

»O meine Feindin und Weib meines Feindes und Mutter meines Feindes«, sagte die Katze, »ich bin es: Denn du hast drei lobende Worte über mich gesprochen, und jetzt darf ich für immer und immer und immer dreimal am Tag die warme weiße Milch trinken. Aber ich bin noch immer die Katze, die eigene Wege geht, und alle Orte sind mir gleich.«

Da lachte die Frau und stellte der Katze einen Napf mit warmer weißer Milch hin und sagte: »O Katze, du bist so schlau wie ein Mensch, aber denk daran, dass dein Handel nicht mit dem Mann oder dem Hund abgeschlossen wurde, und ich weiß nicht, was sie machen werden, wenn sie heimkommen.«

»Was ist das mir?«, sagte die Katze. »Wenn ich meinen Platz in der Höhle am Feuer habe und meine warme weiße Milch dreimal am Tag, dann kümmert es mich nicht, was der Mann oder der Hund tun mögen.«

Als der Mann und der Hund an diesem Abend in die Höhle kamen, erzählte die Frau ihnen die ganze Geschichte über den Handel, während die Katze am Feuer saß und lächelte. Dann sagte der Mann: »Ja, aber die Katze hat keinen Handel mit mir abgeschlossen, auch nicht mit allen richtigen Männern nach mir.« Dann zog er seine beiden Lederstiefel aus und nahm seine kleine Steinaxt (das macht drei Dinge) und holte ein Stück Holz und ein Beil (das sind zusammen fünf) und legte sie in einer Reihe hin und sagte: »Jetzt wollen wir unseren Handel abschließen. Wenn du nicht für immer und immer und immer Mäuse fängst, solange du in der Höhle bist, werde ich diese fünf Dinge nach dir werfen, sooft ich dich sehe, und das werden auch alle richtigen Männer nach mir tun.«

»Ah«, sagte die Frau, die lauschte, »das ist eine sehr schlaue Katze, aber sie ist nicht so schlau wie mein Mann.«

Die Katze zählte die fünf Dinge (und sie sahen sehr knorrig aus) und sagte: »Ich werde, wenn ich in der Höhle bin, für immer und immer und immer Mäuse fangen; aber ich bin noch immer die Katze, die eigene Wege geht, und alle Orte sind mir gleich.«

»Nicht wenn ich in der Nähe bin«, sagte der Mann. »Wenn du das Letzte eben nicht gesagt hättest, dann hätte ich all diese Dinge für immer und immer weggelegt; aber jetzt werde ich meine beiden Stiefel und meine kleine Steinaxt (das macht drei Dinge) nach dir werfen, sooft ich dich sehe. Und das werden alle richtigen Männer nach mir tun!«

Da sagte der Hund: »Warte mal. Die Katze hat keinen Handel mit mir abgeschlossen oder allen richtigen Hunden nach mir.« Und er bleckte seine Zähne und sagte: »Wenn du nicht für immer und immer und immer nett zum Baby bist, solange ich in der Höhle bin, werde ich dich jagen, bis ich dich kriege, und wenn ich dich kriege, werde ich dich beißen. Und das werden alle richtigen Hunde nach mir tun.«

»Ah«, sagte die Frau, die lauschte, »das ist eine sehr schlaue Katze, aber sie ist nicht so schlau wie der Hund.«

Katze zählte die Zähne des Hundes (und die sahen sehr spitz aus) und sagte: »Ich werde nett zu dem Baby sein, wenn ich in der Höhle bin, solange es nicht zu fest an meinem Schwanz zieht. Für immer und immer und immer. Aber ich bin noch immer die Katze, die eigene Wege geht, und alle Orte sind mir gleich.«

»Nicht wenn ich in der Nähe bin«, sagte der Hund. »Wenn du das Letzte eben nicht gesagt hättest, dann hätte ich für immer und immer und immer den Mund geschlossen gehalten; aber jetzt werde ich dich auf einen Baum jagen, sooft ich dich sehe. Und das werden alle richtigen Hunde nach mir tun.«

Dann warf der Mann seine beiden Stiefel und seine kleine Steinaxt (das macht drei Dinge) nach der

Katze, und die Katze lief aus der Höhle, und der Hund jagte sie auf einen Baum; und von diesem Tag an bis heute, Bestgeliebtes, werden drei von fünf richtigen Männern immer Dinge nach einer Katze werfen, wenn sie sie sehen, und alle richtigen Hunde werden sie auf einen Baum jagen. Aber auch die Katze hält ihren Teil des Handels ein. Sie wird Mäuse fangen und zu Babys nett sein, wenn sie im Haus ist, solange sie nicht zu fest an ihrem Schwanz ziehen. Aber wenn die Katze damit fertig ist, und außerdem zwischendurch, und wenn der Mond aufgeht und die Nacht kommt, dann ist sie die Katze, die eigene Wege geht, und alle Orte sind ihr gleich. Dann geht sie hinaus in den nassen wilden Wald oder auf die nassen wilden Dächer, wedelt mit ihrem wilden Schwanz und wandert wildlings allein.

Pussy mag gern das Feuer ansingen,
saust Bäume hoch wie ein Strich
oder spielt mit Korken und komischen Dingen,
um sich zu vergnügen, nicht mich.
Aber ich mag *Binkie,* meinen Hund,
weil er sich benehmen kann;
er ist, was der Erste Freund war, und
ich bin wie der Höhlenmann.

Pussy kann Robinsons »Freitag« spielen,
aber ist die Zeit dann da,
ins Fensterbrett zu scharren und wühlen
die Spuren, die Crusoe sah,
dann sträubt sie den Schwanz und hält nicht still,
sie kratzt, miaut und greint;
aber *Binkie* spielt, was ich spielen will,
er ist wirklich mein Erster Freund.

Pussy reibt mit dem Kopf meine Knie,
als machte sie sich was draus,
doch sobald ich mich ins Bett verziehe,
rennt sie in den Garten hinaus,
und da bleibt sie, bis der Tag erwacht,
drum weiß ich, dass sie mich nicht meint;
aber *Binkie* schnarcht bei mir, die ganze Nacht,
und er ist mein Erstester Freund!

Der Schmetterling, der aufstampfte

Trautes und o mein Bestgeliebtes, dies ist eine Geschichte – eine neue und wunderbare Geschichte – eine Geschichte ganz anders als die übrigen Geschichten – eine Geschichte vom überaus weisen Herrscher Suleiman-bin-Daoud, von Salomon, dem Sohn Davids.

Es gibt dreihundertfünfundfünfzig Geschichten über Suleiman-bin-Daoud; aber dies ist keine davon. Es ist nicht die Geschichte vom Kiebitz, der das Wasser fand; oder vom Wiedehopf, der Suleiman-bin-Daoud gegen die Hitze beschirmte. Es ist nicht die Geschichte vom gläsernen Straßenpflaster oder vom Rubin mit dem schiefen Loch oder von den Goldbarren der Balkis. Es ist die Geschichte vom Schmetterling, der aufstampfte.

Nun merk abermals auf und lausche!

Suleiman-bin-Daoud war weise. Er verstand, was die Tiere sagten, was die Vögel sagten, was die Fische sagten und was die Insekten sagten. Er verstand, was tief unter der Erde die Felsen sagten, wenn sie sich zueinander neigten und ächzten; und er verstand, was die Bäume sagten, wenn sie morgens raschelten. Er verstand alles, vom Marienkäfer auf der Bank bis zum Ysop auf der Mauer; und Balkis, seine Haupt-Königin, die überaus wunderschöne Königin Balkis, war fast ebenso weise wie er.

Suleiman-bin-Daoud war stark. Am Ringfinger seiner rechten Hand trug er einen Ring. Wenn er diesen einmal drehte, kamen Afrits und Dschinns aus der Erde, um alles zu tun, was er ihnen sagte. Wenn er ihn zweimal drehte, kamen Feen aus dem Himmel herab, um alles zu tun, was er ihnen sagte; und wenn er ihn dreimal drehte, kam der sehr große Engel Asrael mit dem Schwert herbei, gekleidet wie ein Wasserträger, und erzählte ihm die Neuigkeiten der drei Welten – Oben, Unten und Hier.

Und dennoch war Suleiman-bin-Daoud nicht eingebildet. Er gab nur ganz selten an, und wenn, dann tat es ihm sofort leid. Einmal versuchte er, alle Tiere der ganzen Welt an einem einzigen Tag zu füttern, aber als das Futter bereit war, kam ein Tier aus der Tiefe des Meeres und aß alles mit drei Bissen auf. Suleiman-bin-Daoud war sehr überrascht und sagte: »O Tier, wer bist du?« Und das Tier sagte: »O König, mögest du ewig leben! Ich bin der kleinste von dreißigtausend Brüdern, und unsere Heimat ist auf dem Grunde des Meeres. Wir haben gehört, dass du alle Tiere der ganzen Welt füttern willst, und meine Brüder haben mich geschickt, um zu fragen, wann das Essen fertig ist.« Suleiman-bin-Daoud war noch überraschter als zuvor und sagte: »O Tier, du hast alles Essen gegessen, das ich für alle Tiere der ganzen Welt bereitet hatte.« Und das Tier sagte: »O König, mögest du ewig leben, aber nennst du das wirklich ein Essen? Wo ich herkomme, essen wir zwischen den Mahlzeiten zweimal so viel.« Da warf sich Suleiman-bin-Daoud flach zu Boden und sagte: »O Tier! Ich habe dieses Essen gegeben, um zu zeigen, welch großer und reicher König ich bin, und nicht, weil ich wirklich nett zu den Tieren sein wollte. Nun bin ich beschämt, und das geschieht mir recht.« Suleiman-bin-Daoud war ein wirklich weiser Mann, Bestgeliebtes. Danach hat er niemals vergessen, dass es dumm ist, anzugeben; und jetzt fängt der richtige Geschichtenteil meiner Geschichte an.

Er hat ganz viele Frauen geheiratet. Er heiratete neunhundertneunundneunzig Frauen neben der überaus wunderschönen Balkis; und sie alle lebten in einem großen goldenen Palast mitten in einem lieblichen Garten mit Springbrunnen. Eigentlich brauchte er keine neunhundertneunundneunzig Frauen, aber in jener Zeit heirateten alle ganz viele Frauen, und natürlich musste der König noch ganz viele mehr heiraten, bloß um zu zeigen, dass er der König war.

Einige der Frauen waren nett, aber andere waren ganz einfach furchtbar, und die furchtbaren zankten sich mit den netten, bis die auch furchtbar wurden, und dann zankten sie alle mit Suleiman-bin-Daoud, und das war furchtbar für ihn. Aber Balkis, die überaus Wunderschöne, zankte nie mit Suleiman-bin-Daoud. Sie liebte ihn zu sehr. Sie saß in ihren Gemächern im goldenen Palast oder wanderte durch den Palastgarten, und er tat ihr wirklich leid.

Wenn er natürlich beschlossen hätte, den Ring an seinem Finger zu drehen und die Dschinns und die Afrits zu rufen, dann hätten sie all die neunhundertneunundneunzig zänkischen Frauen in weiße Maultiere der Wüste verwandelt oder in Windhunde oder in Granatapfelkerne; aber Suleiman-bin-Daoud fand, dass das angeberisch wäre. Wenn sie also zu sehr zankten, ging er nur ganz allein in einem Teil des schönen Palastgartens umher und wünschte sich, er wäre nie geboren worden.

Eines Tages, als sie drei Wochen lang gezankt hatten – alle neunhundertneunundneunzig Frauen zusammen –, ging Suleiman-bin-Daoud wie gewöhnlich hinaus, um Ruhe und Frieden zu finden; und unter den Orangenbäumen traf er Balkis die überaus Wunderschöne, und sie war sehr bekümmert, weil Suleiman-bin-Daoud so traurig war. Und sie sagte zu ihm: »O mein Gebieter und Licht meiner Augen, dreh den Ring an deinem Finger und zeig diesen Königinnen von Ägypten und Mesopotamien und Persien und China, dass du der große und schreckliche König bist.« Aber Suleiman-bin-Daoud schüttelte den Kopf und sagte: »O meine Gebieterin und Wonne meines Lebens, denk an das Tier, das aus dem Meer kam und mich vor allen Tieren in der Welt beschämte, weil ich angegeben hatte. Wenn ich nun vor diesen Königinnen von Persien und Ägypten und Abessinien und China angäbe, nur weil sie mir Kummer bereiten, könnte es sein, dass ich noch mehr beschämt würde als damals.«

Und Balkis, die überaus Wunderschöne, sagte: »O mein Gebieter und Schatzkammer meiner Seele, was wirst du tun?«

Und Suleiman-bin-Daoud sagte: »O meine Gebieterin und Lust meines Herzens, ich werde weiterhin mein Los ertragen in den Händen dieser neunhundertneunundneunzig Königinnen, die mich durch ihre unaufhörliche Zankerei quälen.«

Also ging er weiter zwischen den Lilien und Mispeln und den Rosen und Cannas und den stark würzigen Ingwerpflanzen, die im Garten wuchsen, bis er zu dem großen Kampferbaum kam, den man den Kampferbaum des Suleiman-bin-Daoud nannte. Aber Balkis verbarg sich zwischen den hohen Schwertblumen und dem gefleckten Bambus und

Das ist das Bild von dem Tier, das aus dem Meer kam und das ganze Essen aufaß, das Suleiman-bin-Daoud für alle Tiere der ganzen Welt bereitet hatte. Es war wirklich ein richtig nettes Tier, und seine Mami hatte ihn sehr lieb und auch seine neunundzwanzigtausendneunhundertneunundneunzig Brüder, die auf dem Grund des Meeres lebten. Du weißt ja, dass er der Kleinste von allen war, und deshalb hieß er Klein-Porgies. Er hat all diese Kisten und Packen und Ballen und Dinger aufgegessen, die für alle Tiere bereitet worden waren, ohne dass er auch nur einmal einen Deckel abgenommen oder eine Schnur aufgeknüpft hätte, und das hat ihm überhaupt nichts ausgemacht. Die ragenden Masten hinter den Essenskisten gehören zu Suleiman-bin-Daouds Schiffen. Sie brachten gerade noch mehr Essen her, als Klein-Porgies an Land kam. Die Schiffe hat er nicht gegessen. Sie haben aufgehört, das Essen auszuladen, und sind sofort aufs Meer hinausgesegelt, bis Klein-Porgies ganz mit essen fertig war. Du kannst sehen, wie ein paar Schiffe an Klein-Porgies Schulter vorbei wegzusegeln beginnen. Ich habe Suleiman-bin-Daoud nicht gemalt, aber er ist gleich außerhalb des Bilds und wundert sich sehr. Das Bündel, das vom Mast des Schiffs in der Ecke hängt, ist in Wirklichkeit eine Ladung nasser Datteln als Speise für Papageien. Ich weiß nicht, wie die Schiffe alle hießen. Mehr ist nicht auf dem Bild.

DHURRA MEAL
Wilderness Mills
Tadmor
FIGS
corded Syrian
with care
GRAPES:
Bushire Fruit Co
FISH: (drys)
Sidons
FISH
Tyre
LOCUST-BEANS
Best Carobean
ONION
DATES
Hamath-Arphad.
LEEKS
Egyptian grown
FIG. NUTS
Sabie:
POULTRY-SPICE
Javan & Gadire
Islands Spice Coy.
RICE
Peacocks & Apes only
Tarshish Shipping Co.
SUGAR-CANE
Punt Refineries
Special Slave grown
HONEY
(wild)
DATES
Assuan
ARTICHOKES
(Jerusalem)
for wild asses
Manasses
Importer to the King
LENTILS
Export Co.
KEEP DRY

den roten Lilien hinter dem Kampferbaum, um ihrem Liebsten Suleiman-bin-Daoud nahe zu sein.

Bald kamen zwei Schmetterlinge unter den Baum geflogen; sie zankten sich.

Suleiman-bin-Daoud hörte den einen zum andern sagen: »Ich frage mich, woher du die Dreistigkeit nimmst, so mit mir zu reden. Weißt du denn nicht, dass, wenn ich mit dem Fuß aufstampfte, der ganze Palast von Suleiman-bin-Daoud und dieser Garten hier sofort mit einem Donnerschlag verschwinden würden?«

Da vergaß Suleiman-bin-Daoud seine neunhundertneunundneunzig lästigen Frauen, und er lachte über die Prahlerei des Schmetterlings, bis der Kampferbaum wackelte. Und er streckte seinen Finger aus und sagte: »Kleiner Mann, komm her.«

Der Schmetterling war entsetzlich erschrocken, aber er rappelte sich auf und flog empor zur Hand von Suleiman-bin-Daoud und klammerte sich dort fest, wobei er sich befächelte. Suleiman-bin-Daoud neigte das Haupt und flüsterte ganz leise: »Kleiner Mann, du weißt doch, all dein Stampfen würde nicht einmal einen Grashalm knicken. Warum hast du denn deiner Frau diesen Riesenschwindel angedreht? – Sie ist doch zweifellos deine Frau.«

Der Schmetterling blickte Suleiman-bin-Daoud an und sah des überaus weisen Königs Augen zwinkern wie Sterne in einer Frostnacht, und da raffte er seinen Mut mit beiden Flügeln zusammen und legte den Kopf auf die Seite und sagte: »O König, mögest du ewig leben. Sie ist meine Frau; und du weißt ja, wie Frauen sind.«

Suleiman-bin-Daoud lächelte in seinen Bart und sagte: »Ja, ich weiß, kleiner Bruder.«

»Irgendwie muss man die zurechtweisen«, sagte der Schmetterling, »und sie zankt schon den ganzen Morgen mit mir herum. Ich habe das gesagt, damit sie ruhig ist.«

Und Suleiman-bin-Daoud sagte: »Möge es sie zur Ruhe bringen. Geh zurück zu deiner Frau, kleiner Bruder; ich will hören, was du sagst.«

Der Schmetterling flog zurück zu seiner Frau, die hinter einem Blatt vor Aufregung zitterte, und sie sagte: »Er hat dich gehört! Suleiman-bin-Daoud persönlich hat dich gehört!«

»Mich gehört!«, sagte der Schmetterling. »Natürlich hat er mich gehört. Ich wollte ja auch, dass er mich hört.«

»Und was hat er gesagt? Oh, was hat er gesagt?«

»Also«, sagte der Schmetterling; er befächelte sich überaus bedeutungsvoll, »ganz unter uns, Liebes – natürlich nehm ich ihm das nicht übel; sein Palast muss ja einiges gekostet haben, und die Orangen werden gerade reif –, er hat mich gebeten, nicht aufzustampfen, und ich habe es ihm versprochen.«

»Ach du liebe Zeit!«, sagte seine Frau und saß ganz still; aber Suleiman-bin-Daoud lachte über die Frechheit des schlimmen kleinen Schmetterlings, bis ihm die Tränen über das Gesicht hinabrannen.

Balkis, die überaus Wunderschöne, stand auf hinter dem Baum zwischen den roten Lilien und lächelte vor sich hin, denn sie hatte alles gehört. Sie dachte: ›Wenn ich klug bin, kann ich meinen Gebieter doch noch von der Plage dieser zänkischen Königinnen erlösen‹, und sie streckte den Finger aus und flüsterte der Frau des Schmetterlings zu: »Kleine Frau, komm her.«

Sehr erschrocken flog die Frau des Schmetterlings empor und klammerte sich an Balkis' weiße Hand.

Balkis neigte ihr wunderschönes Haupt und flüsterte: »Kleine Frau, glaubst du, was dein Gatte eben gesagt hat?«

Des Schmetterlings Frau blickte Balkis an und sah die Augen der überaus wunderschönen Königin leuchten wie tiefe Teiche im Sternenlicht, und mit beiden Flügeln raffte sie ihren Mut zusammen und sagte: »O Königin, mögest du ewig lieblich sein. Du weißt doch, wie Männer sind.«

Und Königin Balkis, die weise Balkis von Saba, legte die Hand an die Lippen, um ein Lächeln zu verbergen, und sie sagte: »Kleine Schwester, ich weiß.«

»Sie regen sich auf«, sagte die Frau des Schmetterlings; dabei befächelte sie sich schnell, »wo es nichts zum Aufregen gibt, aber wir müssen sie bei Laune halten, o Königin. Die meinen doch nicht mal die Hälfte von dem, was sie sagen. Wenn es meinem Gatten gefällt zu glauben, er könne Suleiman-bin-Daouds Palast verschwinden lassen, indem er aufstampft, dann macht mir das gar nichts aus. Morgen hat er das alles vergessen.«

»Kleine Schwester«, sagte Balkis, »du hast ganz recht; aber wenn er das nächste Mal zu prahlen beginnt, nimm ihn beim Wort. Bitte ihn aufzustampfen, und warte ab, was geschieht. Wir wissen doch, wie die Männer sind, nicht wahr? Er wird sehr beschämt sein.«

Des Schmetterlings Frau flog fort zu ihrem Gatten, und nach fünf Minuten zankten sie sich schlimmer als je zuvor.

»Denk dran!«, sagte der Schmetterling. »Denk dran, was ich tun kann, wenn ich bloß mit dem Fuß aufstampfe.«

»Ich glaube dir kein einziges Wort«, sagte die Frau des Schmetterlings. »Ich würde sehr gern sehen, was dann geschieht. Stampf doch einfach jetzt.«

»Ich habe Suleiman-bin-Daoud versprochen, dass ich es nicht tue«, sagte der Schmetterling, »und ich will nicht mein Versprechen brechen.«

»Es würde nichts ausmachen, wenn du es tätest«, sagte seine Frau. »Mit deinem Aufstampfen könntest du nicht einmal einen Grashalm knicken. Ich will, dass du es mir zeigst«, sagte sie. »Stampf! Stampf! Stampf!«

Suleiman-bin-Daoud, der unter dem Kampferbaum saß, hörte jedes einzelne Wort, und er lachte, wie er noch nie in seinem Leben gelacht hatte. Er vergaß all seine Königinnen; er vergaß das Tier, das aus dem Meer gekommen war; er vergaß alle Angeberei. Er lachte nur vor Vergnügen, und Balkis, auf der anderen Seite des Baums, lächelte, weil ihr Liebster so froh war.

Bald flatterte der Schmetterling, ganz erhitzt und aufgeblasen, wieder in den Schatten des Kampferbaums und sagte zu Suleiman: »Sie will, dass ich aufstampfe! Sie will sehen, was dann geschieht, o Suleiman-bin-Daoud! Du weißt, dass ich das nicht kann, und jetzt wird sie mir nie wieder ein Wort glauben. Bis ans Ende meiner Tage wird sie mich auslachen!«

»Nein, kleiner Bruder«, sagte Suleiman-bin-Daoud, »sie wird dich nie wieder auslachen«, und er drehte den Ring an seinem Finger – nur um des kleinen Schmetterlings willen, nicht um anzugeben –, und siehe da! Vier riesige Dschinns kamen aus der Erde!

»Sklaven«, sagte Suleiman-bin-Daoud, »wenn dieser Edelmann auf meinem Finger«, (da saß nämlich der freche Schmetterling), »mit dem vordersten linken Fuß aufstampft, werdet ihr meinen Palast und diese Gärten mit einem Donnerschlag verschwinden lassen. Wenn er dann noch einmal aufstampft, bringt ihr alles behutsam wieder zurück.«

»Jetzt, kleiner Bruder«, sagte er, »geh zurück zu deiner Frau und stampf, soviel du magst.«

Der Schmetterling flog fort zu seiner Frau, die immer wieder schrie: »Ich fordere dich auf, tu es! Ich will, dass du es tust! Stampf! Stampf jetzt! Stampf!« Balkis sah, wie sich die vier riesigen Dschinns zu den vier Ecken der Gärten mit dem Palast darin bückten, und sie klatschte leise in die Hände und sagte: »Endlich tut Suleiman-bin-Daoud für einen Schmetterling, was er schon längst für sich selbst hätte tun sollen, und die zänkischen Königinnen werden sich erschrecken!«

Dann stampfte der Schmetterling. Die Dschinns rissen den Palast und die Gärten tausend Meilen hoch in die Luft; es gab einen ganz furchtbaren Donnerschlag, und alles wurde pechschwarz. Die Frau des Schmetterlings flatterte im Dunkel umher und rief: »Oh, ich will lieb sein! Es tut mir so leid, was ich gesagt habe! Bring nur die Gärten zurück, mein liebster Lieblingsgatte, und ich will dir nie mehr widersprechen.«

Das ist das Bild von den vier Dschinns mit Taubenflügeln, wie sie Suleiman-bin-Daouds Palast aufheben, genau in dem Moment, nachdem der Schmetterling aufgestampft hat. Der Palast und die Gärten und alles sind an einem Stück hochgehoben worden, wie ein Brett, und sie haben ein großes Loch im Boden hinterlassen, ganz voll Staub und Qualm. Wenn du in der Ecke nachschaust, neben dem Ding, das wie ein Löwe aussieht, kannst du Suleiman-bin-Daoud sehen, mit seinem Zauberstab, und hinter ihm die beiden Schmetterlinge. Das Ding, das wie ein Löwe aussieht, ist wirklich ein Löwe, in Stein gemeißelt, und das Ding, das aussieht wie eine Milchkanne, ist in Wirklichkeit ein Stück von einem Tempel oder Haus oder so. Suleiman-bin-Daoud hat da gestanden, um nichts von dem Staub und Qualm abzukriegen, als die Dschinns den Palast aufgehoben haben. Ich weiß nicht, wie die Dschinns hießen. Sie waren Diener von Suleiman-bin-Daouds Zauberring, und sie haben fast jeden Tag gewechselt. Es waren ganz gewöhnliche Taubenflügel-Dschinns.

Das Ding ganz unten ist ein Bild von einem sehr freundlichen Dschinn namens Akraig. Er hat jeden Tag dreimal die kleinen Fische im Meer gefüttert, und seine Flügel waren aus lauterem Kupfer. Ich habe ihn gemalt, um dir zu zeigen, wie ein netter Dschinn aussieht. Er hat nicht geholfen, den Palast zu heben. Er war gerade damit beschäftigt, kleine Fische im Arabischen Meer zu füttern, als es passierte.

Der Schmetterling war fast genauso erschrocken wie seine Frau, und Suleiman-bin-Daoud lachte so sehr, dass es einige Minuten dauerte, bis er genug Luft bekam, dass er dem Schmetterling zuflüstern konnte: »Stampf noch einmal auf, kleiner Bruder. Gib mir meinen Palast zurück, überaus großer Zauberer.«

»Ja, gib ihm seinen Palast zurück«, sagte des Schmetterlings Frau; sie flatterte noch immer im Dunkeln herum wie eine Motte. »Gib ihm seinen Palast zurück, und bitte keine fürchterliche Zauberei mehr.«

»Na gut, meine Liebe«, sagte der Schmetterling so tapfer, wie er nur konnte; »aber du siehst, wozu dein Gezänk geführt hat. Natürlich macht das alles mir überhaupt nichts aus – ich bin an so etwas gewöhnt –, aber dir und Suleiman-bin-Daoud zuliebe will ich die Dinge wieder in Ordnung bringen.«

Also stampfte er noch einmal auf, und in diesem Moment ließen die Dschinns den Palast und die Gärten wieder hinab, ohne den leisesten Ruck. Die Sonne schien auf die dunkelgrünen Orangenblätter; die Springbrunnen perlten zwischen ägyptischen rosa Lilien; die Vögel sangen weiter; und die Frau des Schmetterlings lag auf der Seite unter dem Kampferbaum, zappelte mit den Flügeln und keuchte: »Oh, ich will lieb sein! Ich will lieb sein!«

Suleiman-bin-Daoud konnte vor Lachen kaum

sprechen. Er lehnte sich zurück, ganz matt und mit Schluckauf, und drohte dem Schmetterling mit dem Finger und sagte: »O großer Zauberer, welchen Sinn hat es, mir meinen Palast zurückzugeben, wenn du mich gleichzeitig durch Heiterkeit tötest!«

Dann brach ein schrecklicher Lärm los, denn alle neunhundertneunundneunzig Königinnen kamen kreischend und schreiend und nach ihren Babys rufend aus dem Palast gerannt. Sie eilten die große Marmortreppe unterhalb der Springbrunnen hinab, hundert nebeneinander, und die überaus weise Balkis ging ihnen würdevoll entgegen und sagte: »Was bekümmert euch, o Königinnen?«

Sie standen auf der Marmortreppe, hundert nebeneinander, und schrien: »Was uns bekümmert? Wir haben friedlich in unserem goldenen Palast gelebt, wie gewöhnlich, als plötzlich der Palast verschwand, und wir blieben zurück und saßen in einer dicken und scheußlichen Dunkelheit; und es donnerte, und Dschinns und Afrits zogen im Dunkel umher! Das bekümmert uns, o Haupt-Königin, und wir sind ganz außerordentlich bekümmert ob dieses Kummers, denn es war ein kummervoller Kummer, anders als jeder andere Kummer, den wir je hatten.«

Und Balkis, die überaus wunderschöne Königin – Suleiman-bin-Daouds Allerbestgeliebte – weiland Königin von Saba und Sabäa und den Goldströmen des Südens – von der Wüste Zin bis zu den Türmen von Zimbabwe –, Balkis, beinahe so weise wie der überaus weise Suleiman-bin-Daoud selber, sagte: »Es ist nichts, o Königinnen! Ein Schmetterling hat sich über seine Frau beklagt, weil sie sich immer mit ihm zankte, und es hat unserem Gebieter Suleiman-bin-Daoud gefallen, ihr eine Lehre in zurückhaltender Rede und Bescheidenheit zu erteilen, denn unter den Frauen der Schmetterlinge gilt derlei als Tugend.«

Da trat eine ägyptische Königin – die Tochter eines Pharao – vor und sprach: »Unser Palast kann nicht wegen eines kleinen Insekts mit den Wurzeln gepflückt werden wie ein Lauch! Nein! Suleiman-bin-Daoud muss gestorben sein, und was wir hörten und sahen, war die Erde, die bei der Nachricht donnerte und sich verfinsterte.«

Da winkte Balkis die kühne Königin zu sich, ohne sie anzuschauen, und sagte zu ihr und den anderen: »Kommt und seht.«

Sie kamen die Marmortreppe herab, hundert nebeneinander, und unter seinem Kampferbaum, noch immer schwach vor Lachen, sahen sie den überaus weisen König Suleiman-bin-Daoud, der sich vor und zurück wiegte, auf jeder Hand einen Schmetterling, und sie hörten ihn sagen: »O Frau meines Bruders in der Luft, erinnere dich hinfort daran, deinem Gatten in allem zu gefallen, dass er sich nicht genötigt fühle, abermals mit dem Fuß aufzustampfen; denn er hat gesagt, er sei mit diesem Zauber vertraut, und er ist ganz trefflich ein großer Zauberer – einer, der selbst den Palast von Suleiman-bin-Daoud stehlen kann. Geht in Frieden, ihr Kleinen!« Und er küsste sie auf die Flügel, und sie flogen fort.

Da warfen sich alle Königinnen außer Balkis – der überaus wunderschönen und prächtigen Balkis, die lächelnd abseitsstand – flach zu Boden, denn sie sagten: »Wenn solche Dinge sich ereignen, sobald ein Schmetterling unzufrieden ist mit seiner Frau, was mag da erst mit uns geschehen, die wir unseren König gequält haben mit lautem Gerede und offenem Gezänk an vielen Tagen?«

Dann zogen sie die Schleier über ihre Häupter und legten die Hände auf ihre Lippen, und auf Zehenspitzen gingen sie überaus mucksmäuschenstill zurück zum Palast.

Da ging Balkis – die überaus wunderschöne und vortreffliche Balkis – durch die roten Lilien in den Schatten des Kampferbaums und legte die Hand auf Suleiman-bin-Daouds Schulter und sagte: »O mein Gebieter und Schatzkammer meiner Seele, frohlocke, denn wir haben die Königinnen von Ägypten und Äthiopien und Abessinien und Persien und Indien und China eine große und denkwürdige Lehre gelehrt.«

Und Suleiman-bin-Daoud, der noch immer den Schmetterlingen nachschaute, wie sie im Sonnenschein spielten, sagte: »O meine Gebieterin und Kleinod meiner Seligkeit, wann geschah dies? Denn seit ich in den Garten kam, habe ich mit einem Schmetterling gescherzt.« Und er erzählte Balkis, was er getan hatte.

Balkis – die zärtliche und überaus liebliche Balkis – sagte: »O mein Gebieter und Beherrscher meines Daseins, ich habe mich hinter dem Kampferbaum verborgen und alles gesehen. Ich war es, die der Frau des Schmetterlings gesagt hat, sie solle den Schmetterling aufstampfen lassen, weil ich hoffte, mein Gebieter werde um des Scherzes willen einen großen Zauber machen, und die Königinnen würden es sehen und sich fürchten.« Und sie erzählte ihm, was die Königinnen gesagt und gesehen und gedacht hatten.

Da erhob sich Suleiman-bin-Daoud von seinem Sitz unter dem Kampferbaum und reckte die Arme und frohlockte und sagte: »O meine Gebieterin und Süßigkeit meiner Tage, wisse, wenn ich aus Stolz oder Zorn einen Zauber gegen meine Königinnen gemacht hätte, wie ich jenes Festmahl für alle Tiere gemacht habe, dann wäre ich zweifellos beschämt worden. Aber durch deine Weisheit habe ich den Zauber um eines Scherzes willen gemacht und für einen kleinen Schmetterling, und siehe da – er hat mich auch vom Verdruss meiner verdrießlichen Frauen erlöst! Sag mir daher, o meine Gebieterin und Herz meines Herzens, wie kommt es, dass du so weise bist?«

Und Balkis die Königin, wunderschön und groß, blickte in Suleiman-bin-Daouds Augen und legte den Kopf ein wenig auf die Seite, genau wie der Schmetterling, und sagte: »Zuerst, o mein Gebieter, weil ich dich liebe; und zweitens, o mein Gebieter, weil ich weiß, wie Frauen sind.«

Dann gingen sie hinauf zum Palast und lebten glücklich bis ans Ende.

Aber war das nicht klug von Balkis?

Keine Königin war je wie Balkis,
von hier bis zum Ende der Welt;
denn Balkis sprach mit nem Schmetterling,
wie man sich mit nem Freund was erzählt.

Kein König war je wie Salomon,
seit einmal die Welt begann;
denn Salomon sprach mit nem Schmetterling
ganz wie von Mann zu Mann.

Sie war Königin von Saba –
Asiens Herrscher war *er* –
aber beide sprachen mit Schmetterlingen,
als ob das gewöhnlich wär!

Ham und das Stachelschwein

Als alle Tiere noch im großen Kindergarten wohnten, bevor es Zeit war, in die Arche zu gehen, musste ihnen die große Kindergärtnerin die Haare bürsten. Sie sagte ihnen, sie sollten beim Bürsten stillhalten, sonst würde es ihnen am Ende wehtun. Deshalb hielten sie still. Der Löwe hielt still und kriegte die Haare zu einer prächtigen Mähne gebürstet, mit einer Art Klecks an der Schwanzspitze. Das Pferd hielt still und kriegte die Haare zu einer wunderbaren Mähne gebürstet mit einem feinen Schweif. Die Kuh hielt still und kriegte sogar die Hörner poliert. Der Bär hielt still und kriegte einen Klaps und ein Versprechen. Alle hielten sie still, bis auf ein einziges Tier, und das wollte nicht. Es zappelte und trat von der Seite nach der großen Kindergärtnerin.

Die große Kindergärtnerin sagte ihm immer wieder, dass bei diesem Benehmen nichts Gutes herauskommen würde. Aber er sagte, es würde für niemanden stillhalten, und wollte, dass sein Haar überall ganz lang wüchse. Deshalb gab die große Kindergärtnerin schließlich auf und sagte: »Dann komme es eben über dein Haupt und über alles an dir!« Dann lief dieses Tier fort, und seine Haare wuchsen und wuchsen – auf seinem Haupt und überall an ihm –, während alle darauf warteten, dass sie in die Arche gehen könnten. Und je mehr die Haare wuchsen, desto länger und härter und strammer und stachliger wurden sie, bis sie schließlich nur noch lange Dornen und zackige Federkiele waren. Auf seinem Haupt war das so und überall, und besonders an seinem Schwanz! Da nannten sie dieses Tier Stachelschwein und sagten ihm, es solle sich in die Ecke stellen, bis die Arche fertig war.

Dann gingen sie alle in die Arche, immer zu zweit; aber niemand wollte zusammen mit dem Stachelschwein gehen, wegen seiner Stacheln, außer einem kleinen Bruder von ihm namens Igel, der immer stillhielt, um sich das Haar bürsten zu lassen (er trug es ganz kurz), und Stachelschwein mochte ihn nicht.

Ihre Kabine war auf dem Orlopdeck – dem untersten –, das reserviert war für die Nachtsäuger wie Fledermäuse, Dachse, Lemuren, Bandikuts und Nahgucker. Noahs zweiter Sohn, Ham, hatte hier die Aufsicht, weil er zur Dekoration passte, denn er war dunkelhäutig und sehr klug.

Als der Gong zum Essen erschallte, stieg Ham hinunter mit einem Korb voller Kartoffeln, Möhren, kleinen Früchten, Trauben, Zwiebeln und grünem Mais für ihr Mittagsmahl.

Als erstes Tier fand er den kleinen Igelbruder, der sich zwischen den schwarzen Käfern pudelwohl fühlte. Er sagte zu Ham: »Ich glaube, ich würde heute Morgen einen Bogen um Stachelschwein machen. Dem ist von den Schiffsbewegungen ein bisschen schlecht, und er ist ganz verdrossen.«

Ham sagte: »Is mir egal. Ich soll euch bloß füttern.« Deshalb ging er in Stachelschweins Kabine, wo Stachelschwein den ganzen Raum in seiner Koje ausfüllte, und seine Stacheln ratterten wie ein kaputtes Taxifenster.

Ham gab ihm drei Süßkartoffeln, fünfzehn Zentimeter Zuckerrohr und zwei grüne Maiskolben. Als er damit fertig war, fragte Ham: »Sagst du überhaupt nie ›Danke‹ für irgendwas?« – »Doch«, sagte Stachelschwein. »Und zwar so.« Und er drehte sich schnell um und klatschte und ratschte mit seinem Schwanz von der Seite gegen Hams nacktes rechtes Bein, dass es vom Knöchel bis zum Knie blutete.

Ham hüpfte hoch aufs Deck, mit dem Fuß in der Hand, und fand Vater Noah am Steuerrad.

»Was willst du um diese Mittagszeit auf der Brücke?«, sagte Noah.

Ham sagte: »Ich will eine große Büchse Araratkekse.«

»Wofür und für was?«, sagte Noah.

»Weil jemand im Orlopdeck sich einbildet, er

könnte mir was über Stachelschweine beibringen«, sagte Ham. »Dem will ich's zeigen.«

»Aber wozu dann Kekse verschwenden?«, sagte Noah.

»Himmel!«, sagte Ham. »Ich will doch bloß den größten Deckel von der größten Dose Araratkekse an Bord.«

»Sprich mit deiner Mutter«, sagte Noah. »Sie hütet die Vorräte.«

Also gab Hams Mutter, Frau Noah, ihm den größten Deckel der allergrößten Dose Araratkekse in der Arche, und dazu ein paar Kekse für ihn; und Ham stieg hinunter ins Orlopdeck, und dabei hielt er den Dosendeckel so in seiner dunklen rechten Hand, dass er sein dunkles rechtes Bein vom Knie bis zum Knöchel verdeckte.

»Hier, das hatte ich vergessen«, sagte Ham. Er hielt Stachelschwein einen Araratkeks hin, und Stachelschwein aß ihn ganz schnell.

»Jetzt sag ›Danke‹«, sagte Ham.

»Mach ich«, sagte Stachelschwein und fuhr herum, wuutsch, und schlug mit seinem schlimmen Schwanz gegen den Keksdeckel. Und das tat ihm nicht gut. »Versuch's noch mal«, sagte Ham, und Stachelschwein hieb und klatschte mit seinem Schwanz härter als zuvor. »Versuch's noch mal«, sagte Ham. Diesmal haute das Stachelschwein so hart, dass die inneren Enden der Stachelkiele beinahe aus seiner Haut gerissen wurden, und ein paar Stacheln brachen ab.

Dann setzte sich Ham auf die andere Koje und sagte: »Hör mal zu! Bloß weil einer ein bisschen sonnverbrannt aussieht und ein bisschen einfach redet, musst du nicht meinen, dass du mit ihm so verdrossen sein kannst. Ich bin Ham! Sobald diese Dau den Araratberg erreicht, werde ich Kaiser von Afrika sein, vom Bayudabogen bis zur Bucht von Benin, und von der Bucht von Benin bis nach Daressalam, und von Daressalam bis zu den Drakensbergen, und von den Drakensbergen bis dahin, wo die zwei Meere sich am selben Kap treffen. Ich werde der Sultan aller Sultane sein, Oberhäuptling aller Indunas, Medizinmänner und Regenmacher und vor allem der Wunungiri – der Stachelschweinleute –, die auf dich warten. Du wirst mir gehören! Du wirst in Löchern und Höhlen und alten Gruben leben, überall in Afrika; und wenn ich je wieder höre, dass du verdrossen bist, dann sag ich es meinen Wunungiri, und die werden dich unter die Erde verfolgen und dich rückwärts rausziehen. Ich – bin – Ham!«

Da kriegte Stachelschwein eine solche Angst, dass es aufhörte, unter der Koje mit den Stacheln zu rasseln, und ganz still dalag.

Der kleine Igelbruder, der auch unter der Koje war und sich zwischen den schwarzen Käfern pudelwohl fühlte, sagte: »Sieht für mich nicht besonders rosig aus. Schließlich bin ich ja gewissermaßen sein Bruder, und ich nehm an, ich muss mit ihm unter die Erde und kann da keine Nüsse ausbuddeln!«

»Überhaupt nicht«, sagte Ham. »Das ist über sein Haupt und über alles an ihm gekommen, wie die große Kindergärtnerin gesagt hat. Aber du hast stillgehalten und dir das Haar bürsten lassen. Außerdem gehörst du nicht zu meiner Karawane. Sobald dieser olle Nachen (er meinte die Arche) den Ararat erreicht, geh ich nach Südosten mit meiner kleinen Truppe – Elefanten und Löwen und so was, und Stachelsau – und verteil die in ganz Afrika. Du gehst nach Nordwesten mit dem einen oder andern von meinen Brüdern (mit wem genau, hab ich vergessen), und dann kommst du zu einem gemütlichen kleinen Ort namens England – lauter Gärten und Buchsbaumhecken und Nacktschnecken, und die Leute werden sich freuen, wenn sie dich sehen. Und überhaupt wirst du immer ein kleiner Glückspilz sein.«

»Danke sehr, mein Herr«, sagte der kleine Igelbruder. »Aber wie ist das mit dem Leben unter der Erde? Das ist gar nicht meine Sorte von Gegend.«

»Is überhaupt nicht nötig«, sagte Ham. Und er berührte den kleinen Igelbruder mit dem Fuß, und Igel rollte sich zusammen – was er bisher nie getan hatte.

»Jetzt wirst du mit deinen eigenen Stacheln dein

eigenes Bett aus trockenen Blättern machen können und von Oktober bis April schön warm unter einer Hecke liegen, wenn du willst. Keiner wird dich ärgern außer Zigeunern, und du bist auch überhaupt kein Hundehäppchen.«

»Danke sehr, mein Herr«, sagte der kleine Igelbruder, und er entrollte sich wieder und suchte noch mehr schwarze Käfer.

Und alles kam genau so, wie Ham es gesagt hatte.

Ich weiß nicht, wie die Pfleger im Zoo Stachelschweine füttern, aber von jenem Tag an bis heute sorgt jeder Pfleger, den ich je in Afrika ein Stachelschwein habe füttern sehen, immer dafür, dass er einen Keksdosendeckel vor sein rechtes Bein hält, damit Stachelschwein nicht nach dem Essen mit seinem Schwanz dran ratschen kann.

Palaver erledigt! Geh und lass dir die Haare bürsten!

Editorische Notiz

Just So Stories For Little Children erschien zuerst im September 1902 bei Macmillan and Co., London, und bei Doubleday, Page & Company, New York. Der Band enthielt zwölf Erzählungen mit den dazugehörigen Gedichten und Illustrationen plus Zusatztexten von Kipling (zu Erstveröffentlichungen vgl. Anmerkungen); »The Tabu Tale« wurde erst nach der Veröffentlichung des Bandes geschrieben und erschien in Buchform erstmals 1903 in Band XX der OUTWARD BOUND EDITION, Charles Scribner's Sons, New York, sowie postum in den Gesamtausgaben (SUSSEX bzw. BURWASH EDITIONs). Kipling schrieb die letzte Geschichte, »Ham and the Porcupine (A Just So Story)«, als Beitrag zu *The Princess Elizabeth Gift Book in Aid of the Princess Elizabeth of York Hospital Fund for Children*, Hodder & Stoughton, London, 1935; soweit feststellbar, wurde diese Erzählung nie nachgedruckt, nicht in die Gesamtausgaben aufgenommen und hier auch zum ersten Mal übersetzt.

Die vorliegende Übersetzung erschien (bis auf »Ham und das Stachelschwein«) erstmals 1990 im Haffmans Verlag, Zürich, und wurde für diese Neuveröffentlichung durchgesehen.

Zum Titel: In einer Vorbemerkung zur Erstveröffentlichung der »Wal«-Geschichte schrieb Kipling 1897: »Abends gab es Geschichten, bei denen Effie (Tochter Josephine Kipling, 1892–1899) einschlafen sollte, und da durfte kein einziges Wort abgeändert werden. Sie mussten *just so,* genau so, erzählt werden, sonst wurde Effie wach und ergänzte den fehlenden Satz …«

Anmerkungen

Die Daten der Erstveröffentlichung betreffen nur die Geschichten selbst; Illustrationen, Zusatztexte und Gedichte fanden sich erstmals in der ersten Buchausgabe von 1902.

Wie der Wal seine Gurgel kriegte
»How the Whale Got His Throat«, *St. Nicholas,* Dez. 1897, als »How the Whale Got His Tiny Throat«.

Wie das Kamel seinen Höcker kriegte
»How the Camel Got His Hump«, *St. Nicholas,* Jan. 1898.
Palaver, indaba, pantschajat, pau-wau Beratung.

Wie das Nashorn seine Haut kriegte
»How the Rhinoceros Got His Skin«, *St. Nicholas,* Feb. 1898, als »How the Rhinoceros Got His Wrinkly Skin«.
Parse Anhänger des Zoroastrismus, einer ursprünglich persischen Religionsgemeinschaft, die beim Vormarsch des Islams nach Indien flohen.
Mazanderan, Sokotra Ersteres eine persische Provinz, Letzteres eine Insel im Indischen Ozean.
Orotavo, Amygdala usw. imaginäre Orte mit Anklängen an tatsächliche Orte und Begriffe (Amygdala = sog. Mandelkern, eine Hirnregion; Anantarivo: Antananarivo, die Hauptstadt von Madagaskar; Sonapat: evtl. zu Sonapur in Indien).

Wie der Leopard seine Flecken kriegte
»How the Leopard Got His Spots«, *Ladies' Home Journal,*

Okt. 1901, und *Pearson's Magazine,* Apr. 1902.
»Kann denn der Mohr …« Jeremias 13:23.

Das Elefantenkind
»The Elephant's Child«, *Ladies' Home Journal,* Apr. 1900, und *Windsor Magazine,* Feb. 1902.
Khamas Land Khama war damals Häuptling der Bamangwato im heutigen Botswana.

Der Singsang vom ollen Känguru
»The Sing-Song of Old Man Kangaroo«, *Ladies' Home Journal,* Juni 1900.
Dingo der australische Wildhund.
Spinifex austral. Stachelgras.
Ti-Bäume Baumart mit essbaren Wurzeln.
Mulga Buschland.
Wollongong im östlichen Australien; im Original »Wollgong«.

Der Anfang der Gürteltiere
»The Beginning of the Armadilloes«, *Ladies' Home Journal,* Mai 1900.
Kiplings Amazonaskarte behandelt in antikisierendem Englisch die Abenteuer einer Schiffsbesatzung im Jahr 1503. Soweit eindeutig zu entziffern, hier der Text:

Wimpel unten: Die vielen Mündungen des Amazonenflusses. Dies war das völlig verzweifelte Unterfangen und Wagnis des Schiffs *Gyant,* das Sir Matthew Vowse ausgerüstet hatte und dem vielerlei Übel widerfuhr. Von den siebenundfünfzig Abenteurern, die Bristol 1503 verließen, kehrten nur elf in diese Stadt zurück, und zwar in einem derart trüben Zustand, dass auf den Straßen selbst die Schweine (deren Bäuche immerhin prall und deren Häute straff waren) eher Grund hatten, sie zu verspotten, als sie ob ihres Gnadenzustands des Mensch-Seins zu beneiden. – Die Spur unserer schwankenden und erbärmlichen Reise nach Ost-Indien – nunmehr eine weit entrückte Vision – ist verzeichnet.

Matthew, A. M. (*Able Mariner*, Vollmatrose)

Beginnend links unten und den Pfeilen an der Spur folgend: Hier war unser erstes Lager, nachdem das Schiff zerbrochen war. Nur 19 von uns. – Hier legten wir alle den Eid vor Sir Matthew Vowse ab, den J. Hanber (?) gebrochen hat. – Fluss, den wir Rumbouillon (Rum) nannten. – In der zweiten Nacht (?) (vergoss?) Sir M. Vowse hier allen Rum aus gutem Grund. – Und hier etwa kam vielleicht (?) an Land. – Und hier mit Pirogen, sehr viel Schlamm. – Hier viel Fieber in der Luft. – Hier nur Schlamm und Krebse. – Batts Hills. – Kleiner Tsluci-Fluss. – Dorf der Tsluci. – Ein großes Maisfeld, das Nick Dyer im Zustand der Trunkenheit zertrampelte und besudelte. – Eine große Indianerstadt, wo wir alle fünf Tage lang (?) festgehalten wurden. – Hier verbrannten wir die Pinasse. – Hier wurden wir überfallen. – Hier wurde N. Dyer begraben, ein lästerlicher Mann, aber guter Matrose (starb an einem Pfeil). – IMOXATLAN – Hier ist nur hoher Wald mit Affen. – Wir hielten uns ans Flussufer, um den Wald zu meiden, aber so mieden wir nicht das Fieber. – Hier sind die Götzenbilder von Imoxatlan versteckt. – Hier fördern sie Gold. – Die Minen, die wir nicht sehen durften. – Weil er sich an einer Pagode vergriff, die er für lauteres Gold hielt, wurde hier Sam Batts von der *Gyant* (Sir M. Vowses Unternehmen) von den Priestern des Dings so zugerichtet, dass er innerhalb von drei Tagen starb. – Sam Batts sein Grab. – Er wurde in einer Piroge über den Hauptstrom gebracht, starb aber bald; die Indianer heulten. – Eine Pagode, die wir auf einem Turm auf einem Hügel fanden und vor der die Indianer Brandopfer darbrachten. – Hier ist noch mehr Wald. – Hier wurde Sir Matthew Vowse, nachdem er seine glänzend gereinigten Brust- und Rückenstücke angelegt hatte, von einigen dummen Indianern als Pagode angebetet. –

Darüber: Hier ist alles völlig unbekannt; unsere Indianer wollten uns nicht weiter führen, weil sie sich vor Teufeln fürchteten, und wir wenigen Kränklichen kehrten gezwungenermaßen zurück zur Küste; nach all diesen Mühen waren wir überzeugt davon, dass es hier zumindest über Land keinen Weg nach Indien gibt. Lancelot Matthew. – Unser erster Angriff mit dem Ziel, Indianer als Führer zu fangen, wäre fast unser Ende gewesen; wir stießen nach Verlusten weiter nach Nordosten vor (?). – Hier leben Armourdilla (Gürteltiere) oder Schwein-in-Harnisch. – Hier wandten wir uns nach Süden, nachdem wir beim zweiten Angriff auf die Stadt blutig zurückgeschlagen wurden (drei Verletzte). – Eine große Stadt, von der wir zurückgeschlagen wurden. – Wir nahmen, gerechtfertigt durch unsere Nöte, vier Pirogen am Strand. – Hier liegt Hanber, Meuterer. – Außerdem weil er schon vorher Vorräte gestohlen hatte. – Befestigte Stadt und Palisaden des Häuptlings (?) Imo-xotlanchuatl. – Felder und Gärten der Indianer. – Alles hier ist schlimmes stinkendes Marsch- oder Sumpfland, das nach Behauptung der Indianer 314 spanische Meilen (1570 km) weit nach Westen reicht. – Bis hierhin kam die zweite Piroge auf der Suche nach einem Ausweg, kehrte aber zurück. Weiter nichts, außer dass wir vier Fieberkranke zählen. – Hier gibt es Vögel mit Hörnern, die auch Kronen haben. – Flüsse aus dem Sumpf von Iloloputl (?). – Nat. Thomms sein Grab – von einem Hitzschlag. – Matheusec (?) – ein Guineafahrer, der auf eine Schlange trat, wurde hier seinem Los und Gottes Gnade überlassen. – Hier nur hartes Schilf, mannshoch. – Hier ist Jaguyar, gleich einer großen Katze. – Hier findet man Pekkary – ein kleines wildes Schwein. – Und dazu Tapir – der kleinere Elefant. – Hier lag (?) durch Gottes große Gnade die *Royall Tiger,* und wir wurden an Bord genommen.

Wie der erste Brief geschrieben wurde
»How the First Letter Was Written«, *Ladies' Home Journal,* Dez. 1901.
Hetman Kosakenführer;
Dolman Husarenjacke
Negus Titel des weiland Kaisers von Äthiopien
Woon, Akhoond afghanische bzw. paschtunische Fürstentitel
Juju Schamanistische Priester
Platoff historischer Kosaken-Hetman
Bonze europäische Bezeichnung für buddhistische Priester.
Taffys Geschichte auf dem Stoßzahn:
Links: »thisisthe/storiof/taffimai/allritten/ou-ton/anoldtusk/ifubegin/atthetop/lefthand/corner/andgoon/totherig/htucan/seefor/urself/thething/sasthah/appened/« – »Dies ist die Geschichte von Taffimai, aufgeschrieben auf einem alten Stoßzahn. Wenn du oben links anfängst und nach rechts weitermachst, kannst du selbst die Dinge sehen, wie sie geschehen sind.«
Rechts: »thereas/onthati/spellsoq/ueerliisb/ecaseth/ereare/

noten/ughlet/tersint/herunic/alphab/etfor/allthe/ourdst/hatiou/anttous/etouo/belofed« – »Der Grund, dass ich so komisch buchstabiere, ist, weil es nicht genug Zeichen im runischen Alphabet gibt für alle Wörter, die ich für dich benutzen will, Geliebtes.«

Unten, klein: »thisistheidenticaltuskonoutchthetaleoftaffima-iouas-rittenandetchedbitheauthor« – »Das ist der Original-Stoßzahn, auf dem Taffimais Geschichte geschrieben und eingeritzt wurde vom Autor.«

Wie das Alphabet entstand

»How the Alphabet Was Made«, zuerst in Erstausgabe 1902.

Die Tabu-Geschichte

»The Tabu Tale«, *Collier's Weekly*, 29. Aug. 1903, und *Windsor Magazine*, Sept. 1903.

Der Krebs, der mit dem Meer spielte

»The Grab that Played with the Sea«, *Pearson's Magazine*, Aug. 1902, und *Collier's Weekly*, 2. Aug. 1902, in beiden als »The Crab that Made the Tides«.

Perak Fluss in Malaysia

Selangor, Malakka Malaysia

Bintang Insel südlich von Singapur

Sarawak … bis Pahang etwa 1600 km

Kiplings malaiisches Wortmaterial war nur teilweise zu ermitteln: *kun* – Indon. *hukum*, es ist richtig; *payah kun* – Indon. *pada kum*, völlig richtig; *pusat tasek* – Indon. *pusat tasik*, Nabel des Meeres; *pauh* – Mangostin-Frucht; *janggi* – Indon. *djangi*, Äthiopier, äthiopisch (*pauh janggi* also etwa »afrika-

nischer Mangostinbaum«); *moyang* – Stammvater, Ahne.
Die Abkürzungen des nachfolgenden Gedichts:
P. and O. Peninsular and Oriental (Steam Navigation Company)
B. I. British India
N. Y. K. Nippon, Yusen, Kaisha
N. D. L. Norddeutscher Lloyd
M. M. Messageries Maritimes
A. T. L. Adriatica Triestine Linea
U. C. S. Union Castle Steamships
O. and O. Oriental and Occidental
D. O. A. Deutsche Ostafrika …
B. S. A. British and South American
Im Original folgt dem Gedicht der Hinweis, statt Mangostinen zu essen, könne man auch links oben auf S. 2 der *Times* die Sektion »Shipping« studieren und den Atlas konsultieren.

DIE KATZE, DIE EIGENE WEGE GING
»That Cat that Walked by Himself«, *Ladies' Home Journal* und *Windsor Magazine,* Juli 1902.
»Himself« legt zwar einen Kater nahe, es geht Kipling jedoch um den Archetyp Katze, daher wäre der getreuliche Kater allzu geschlechtsspezifisch.
»Nimmer!« im Original *frz. Nenni.*
Das Initial H zu Beginn der Geschichte trägt folgende runische Inschrift:
Links »irudia/rdkipl/ingdr/euthi/sbul/beka/uset/here/ouasn/omutt/onb one« – »ich, Rudyard Kipling, malte dies, aber weil es keinen Hammelknochen gab«
Rechts »inthe/house ifake/dthe/anato/mifro/mmem/orirk« –

»im Haus habe ich die Anatomie aus dem Gedächtnis hingepfuscht. RK«

Querstrich »ialsouroteallthe/plaisaskribedto/mrsgallup« – »ich schrieb auch alle Schauspiele, die Mrs Gallup zugeschrieben werden.« – Mrs Gallup war zur Zeit des Erscheinens der *Just So Stories* eine der prominentesten Verfechterinnen der Theorie, dass Shakespeares Stücke tatsächlich von Francis Bacon verfasst worden seien.

Der Schmetterling, der aufstampfte

»The Butterfly that Stamped«, *Ladies' Home Journal*, Sept. 1902.

Dschinns, Afrits Geister der arab./islam. Mythologie.

Porgies-Bild Die hellen Kisten enthalten Mehl, Lauch, Artischocken, Linsen, Datteln, Feigen, Trauben, Honig, Gewürze, Fisch, Zwiebeln, Reis verschiedener Herkunft (Tadmor, Java, Tyros, Sidon, Bushehr, Tarshish etc.) sowie Zuckerrohr aus Punt; die dunklen Kisten Heu vom unteren Nil.

Ham und das Stachelschwein

»Ham and the Porcupine«, keine Einzelveröffentlichung.

Bandikut Nasenbeutler, Beuteldachs.

Stachelschwein, verdrossen im Orig. *fretful*, ein Zitat aus Shakespeare »And each particular hair to stand on end, Like quills upon the fretful porcupine« (Hamlet I, 5).

Dau Segelschiffstyp.

Zigeuner In England sagte man ihnen nach, sie äßen Igel.

Der Autor

Rudyard Kipling wurde 1865 in Bombay geboren. Er war Schriftsteller, weit gereister Journalist und geistiger Repräsentant des britischen Imperiums. 1907 erhielt er als bis dahin jüngster und erster englischer Autor den Literaturnobelpreis. Zu seinen bekanntesten Werken zählen unter anderem *Das Dschungelbuch* (1894/95), *Der Mann, der König sein wollte* (1888) – die beide verfilmt worden sind – oder *Kim* (1901). Kipling starb 1936 in London.

Der Herausgeber und Übersetzer

Gisbert Haefs ist Übersetzer und Herausgeber englisch-, spanisch- und französischsprachiger Literatur (u. a. Arthur Conan Doyle, Jorge Luis Borges, Mark Twain) sowie Autor von Erzählungen, Kriminalromanen, Science-Fiction-Abenteuern und historischen Romanen. Außerdem ist er Mitglied der Kipling Society in London.

Tschingis Aitmatow *Dshamilja*

Der 15-jährige Seït erzählt die Geschichte seiner jungen, verheirateten Schwägerin Dshamilja und des früheren Soldaten Danijar. Während der ungeliebte Ehemann Sadyk in der Sowjetarmee dient, lernt die selbstbewusste, lebensfrohe Dshamilja den scheuen, träumerischen Frontheimkehrer Danijar kennen und lieben. Der junge Seït erzählt mit den Augen eines Kindes, das noch nichts von der Liebe weiß, das aber zu verstehen beginnt, was die beiden verbindet.

Reginald Arkell *Pinnegars Garten*

Herbert Pinnegar, ein Findelkind, entdeckt schon früh seine Liebe zu den Blumen und fängt als junger Bursche an, im Garten von Lady Charteris Unkraut zu jäten. Als der altersgrantige Obergärtner abtritt, schlägt seine große Stunde: Er übernimmt das Gartenregiment und teilt sein Leben fortan mit Heckenrosen und Buschwinden. Er ist ein wandelndes Kompendium des Gartenwissens und ein Zauberer, der seine Lady immer wieder in Erstaunen versetzt.

Mauricio Botero *Don Ottos Klassikkabinett*

Don Otto betreibt einen kleinen Musikladen in Bogotá. Ob Punker, Partygirl, Politiker, ins Zivilleben zurückgekehrter Guerillero, ja selbst erklärter Musikhasser: Für jeden legt Don Otto die richtige Musik auf, serviert dazu eine Tasse duftenden kolumbianischen Kaffee und bringt dabei funkelnde Anekdoten und Erkenntnisse aus dem Leben und Werk der Komponisten an den Tag – von Bach, Beethoven bis Strauss oder Telemann.

Sidonie-Gabrielle Colette
Die Katze aus dem kleinen Café

Ihr Leben lang hat Colette mit Tieren gelebt. Hunde, Eichhörnchen, Schmetterlinge – aber besonders die Katzen wurden ihre Lebensgefährten. Sie beobachtet sie, tauscht sich mit ihnen aus, kommuniziert mit ihnen und erzählt uns einfühlsam von ihren Abenteuern. Das liebevolle Studium des Katzenwesens in diesen bezaubernden Geschichten macht den Menschen menschlicher.

Stephanie von Harrach (Hg.)
Der Elefant ist los. Geschichten vom grauen Riesen

Geschichten über Begegnungen mit dem grauen Riesen versammelt dieser Band, der in die Bibliothek jedes Tierfreunds gehört. *Heinz-Georg Klös* erzählt vom Tag, als die Elefantenkuh Tuffi aus der Wuppertaler Schwebebahn sprang. *William Kotzwinkle* schildert einen Machtkampf auf Augenhöhe zwischen Elefant und Eisenbahn. *Joan Aiken* schickt Miss Printer mit einer Elefantenbestellung auf Shoppingtour. Dies und vieles mehr über den dünnhäutigsten aller Dickhäuter.

Maxence Fermine *Am Ende der Teestraße*

Im Jahre 1838 bricht Charles Stowe zu einer Reise in den Fernen Osten auf, um den seltensten chinesischen Tee nach England zu importieren. Die Begegnung mit der mysteriösen Loan bringt seine Pläne allerdings durcheinander. Sie gehört dem mächtigen Tee-Mogul Lu Chen, der nur eine Schwäche hat: Opium. Sieben Tage und Nächte darf Charles mit Loan verbringen – unter der Bedingung, dass er die Gegend anschließend sofort verlässt …